Prostitution versus Sexarbeit

»Aspekte«

Alma Marta

Nadja Habibi

Prostitution versus Sexarbeit

Feministische Debatten und Implikationen für die Soziale Arbeit

Die Deutsche Bibliothek verzeichnet diese Publikation in der Deutschen Nationalbibliografie. Detaillierte bibliografische Daten sind im Internet abrufbar unter http://dnb.d-nb.de

Das vorliegende Werk basiert auf der Bachelorarbeit der Autorin. Die Arbeit wurde von der Rosa-Luxemburg-Stiftung gefördert, wofür die Autorin an dieser Stelle der RLS herzlich dankt.

Besuchen Sie gern unsere Verlage im Internet:
www.alma-marta.de
www.marta-press.de

Inhalt

1. Einleitung

> *„Ich sehe in der Prostitution*
> *so etwas wie ein Paradigma:*
> *ein Exempel für die soziale Situation der Frau,*
> *wie sie im Grunde besteht.*
> *Hier wird nicht nur ihre Abhängigkeit offenbar,*
> *verknüpft mit den finanziellen Beziehungen*
> *zwischen den Geschlechtern,*
> *in Ziffern, und Zahlen fixiert,*
> *statt versteckt hinter den Paragraphen*
> *eines Heiratsvertrags [...];*
> *ja durch den bloßen Akt der Prostitution*
> *wird unser Wert deklariert:*
> *als der Wert einer Sache. "*
> *(Millett 1983: 105)*

Die vorliegende wissenschaftliche Arbeit thematisiert, wie Prostitution als Gegenstand feministischer Debatten bearbeitet wird, welche Haltungen zu dem Thema existieren und aus welcher Anschauung heraus sie sich erklären lassen. Schließlich sollen die aus den Debatten resultierenden Auswirkungen auf die Soziale Arbeit aufgezeigt werden. Die Fragestellung lautet: Welche Standpunkte finden sich in den feministischen Debatten um Prostitution und welche Implikationen ergeben sich daraus für die Soziale Arbeit?

Bei der Prostitution handelt es sich um einen intransparenten Bereich, der mit vielen Tabus belegt ist. Die Komplexität des Gegenstandes begründet sich auch in den verschiedenen Themengebieten von Sexualität, Geschlechterverhältnissen und Moralität, die damit verknüpft sind, sowie den zu beachtenden gesellschaftspolitischen und ökonomischen Sphären (vgl. Albert/Wege 2015: 1). Die Unübersichtlichkeit dieses Feldes schlägt sich ebenso in einer mangelnden Bearbeitung durch die Sozialwissenschaften nieder (vgl. Ruhne 2008: 2520). So wird auch davon gesprochen, dass „Prostitution als Thema sozial-wissenschaftlicher Forschung […] ein Dunkelfeld" (Hill/Bibbert 2019: 1) darstellt.

Um eine umfassende Analyse des Themas zu gewährleisten, gliedert sich die Arbeit in Begriffsbestimmungen (Kapitel 2) und einen historischen Abriss der Prostitution (Kapitel 3) sowie die Beschreibung der heutigen Lage der Prostitution in Deutschland (Kapitel 4). In Kapitel 5 behandele ich Prostitution als Gegenstand von feministischen Debatten. In Kapitel 6 gehe ich auf die Relevanz des Themas für die Soziale Arbeit ein und setze die Erkenntnisse und politischen Positionen in den Kontext der Sozialen Arbeit.

Ich greife in meiner Auseinandersetzung nicht nur auf wissenschaftliche Literatur im klassischen Sinne zurück, sondern auch auf journalistische Beiträge sowie direkte (Internet-)Quellen und Berichte von relevanten Akteurinnen, die sich zur Thematik äußern. Zum einen ist dies beispielsweise in Bezug auf die (politisch-)ökonomische

Dimension von Prostitution notwendig, da diese Aspekte in der bisherigen wissenschaftlichen Auseinandersetzung wenig Beachtung gefunden haben, was auch darin begründet ist, dass sich ein relevanter Teil des Milieus im Untergrund abspielt. Zum anderen ist dies explizit in Bezug auf die abolitionistische Haltung und ihre Vertreterinnen der Fall, da es sich hier um „eine wachsende internationale und (radikal)feministische Bewegung" (Sass 2017: 87) handelt, die auch als „Graswurzelbewegung" (ebd.) bezeichnet wird. Dies spiegelt sich in der vorliegenden Arbeit wider, indem insbesondere englischsprachige Literatur von international agierenden Akteurinnen angeführt wird. Weiterhin ist festzustellen, dass die liberal-feministische Haltung in Bezug auf Prostitution „in der internationalen feministischen Politiktheorie" (Jeffreys 2014: 26) dominant ist. Im Gegensatz dazu hat die abolitionistische Position im Speziellen in der Wissenschaft lediglich wenige Anhänge-rinnen und Anhänger, weshalb zu einem relevanten Teil Bezug auf Texte (aus) der Bewegung genommen wird, wobei ehemalige prostituierte Frauen „[e]ine zentrale Rolle" (Sass 2017: 89) einnehmen. Diese Aktivistinnen können an dieser Stelle nicht alle namentlich beziehungsweise unter ihren Pseudonymen genannt werden, aber es soll doch betont werden, dass die Aktivistin Huschke Mau, Mitgründerin des Vereins „Sisters e.V.", hier eine besondere Rolle einnimmt, weshalb auch weitgehend auf ihre Expertise zurückgegriffen wird (vgl. Sass 2017: 91).

2. Begriffsklärung „Prostitution"

Im Bericht des „Bundesministeriums für Familie, Senioren, Frauen und Jugend" (BMFSFJ) wird eine Begriffsbestimmung geliefert, die zuvor im Prostituiertenschutzgesetz juristisch verankert worden ist. Sie definiert einerseits eine sexuelle Dienstleistung als

> „eine sexuelle Handlung mindestens einer Person an oder vor mindestens einer anderen unmittelbar anwesenden Person gegen Entgelt oder das Zulassen einer sexuellen Handlung an oder vor der eigenen Person gegen Entgelt" (BMFSFJ 2020: 43).

Auf die Definition einer sexuellen Dienstleistung folgt die entsprechende Definition von Prostituierten andererseits:

> „Prostituierte sind Personen, die sexuelle Dienstleistungen erbringen" (BMFSFJ 2020: 43).

In aktuellen Debatten wird zunehmend von „Sexarbeit" statt von Prostitution gesprochen. Der Begriff wurde von der US-amerikanischen Aktivistin Carol Leigh Ende der 1970er Jahre geprägt und fand zunehmend sowohl in Medienberichten wie auch in wissenschaftlichen Publikationen zu dieser Thematik Anwendung (vgl. Kienesberger 2014: 45). Eine Begründung für diese Nutzung liefert beispielsweise Schrader:

> „Prostitution ist immer auch konnotiert mit dem Ehrlosen und Obszönen. Um diese Assoziation mit der moralischen Abwertung zu vermeiden und der neuen Sichtweise auf die Lebensrealität Ausdruck zu verleihen, wird [...] von ‚Sexarbeit' gesprochen. Ich werde diesen Begriff verwenden, da er eine Kohärenz zum Arbeitsbegriff schafft und den Aspekt der sexuellen Dienstleistung stärkt." (2014: 10)

In der vorliegenden Arbeit wird auf den euphemistischen Begriff der „Sexarbeit" verzichtet, da durch seine Verwendung suggeriert wird, dass die Prostitution eine allgemein anerkannte Erwerbsarbeit unter vielen verschiedenen Arten von Dienstleistungsberufen sei und er somit einen Versuch der Normalisierung von Prostitution als einen regulären Marktsektor darstellt[1] (vgl. Jeffreys

---

[1] Dementsprechend werden im „sexarbeitspositiven" Spektrum Freier als „Klienten" und Bordelle als „Dienstleistungsbe-

2014: 17). Im Gegensatz dazu soll mit der Bezeichnung „Prostitution" auf die Nutzung gängiger Handelssprache bezüglich Frauen[2] verzichtet werden und stattdessen die tiefgreifenden negativen Folgen dieser Praxis und das Leiden von Frauen ausgedrückt und in den Fokus der Diskussion gerückt werden (vgl. Jeffreys 2014: 17). Zusammenfassend kann gesagt werden, dass die Unterscheidung von Prostitution und Sexarbeit

> „Gegenstand von anhaltenden Kontroversen mit einer Art ‚politischen Haltung' [ist]. Im Kern geht es um die Frage, ob in Bezug auf Prostitution tatsächlich von einer marktförmig organisierten Form von Dienstleistungsarbeit gesprochen werden kann." (Kortendiek et al. 2019: 846)

Kienesberger (2014: 45) sieht „das Geschäft mit der Ware Sex und der Ware Frau" in einer Reihe mit dem

> „Globalisieren und Liberalisieren von Waren-, Dienstleistungs- und Kapitalver-

---

triebe" bezeichnet und teilweise wurde der Terminus des Menschenhandels durch „Arbeitsmigration" ausgetauscht (vgl. Jeffreys 2014: 17).

[2] Aufgrund der besonderen geschlechtsspezifischen Determination von Prostitution wird in der vorliegenden Arbeit hauptsächlich die weibliche Form „Prostituierte" genutzt, da die Prostitution mehrheitlich von Frauen ausgeübt wird: 93% der Prostituierten in Deutschland sind weiblich, 4% männlich und 3% trans Personen (vgl. TAMPEP 2007).

kehr und das Deregulieren von Arbeitsver-
hältnissen sowie das Privatisieren von
öffentlichen Dienstleistungen und staatlichen Unternehmen",

das dem neoliberalen Kapitalismus inhärent ist. Die Verfestigung im Sprachgebrauch der Begriffe „Sexarbeit" und „sexuelle Dienstleistung" kann als ein unmittelbarer Ausdruck des neoliberalen Kapitalismus gesehen werden, der für prostituierende Frauen jedoch keine Verbesserungen gebracht hat (vgl. Kienesberger 2014: 45ff.). Aufgrund der vorangegangenen Ausführungen wird „[der Gebrauch der] neoliberale[n] Sprache [...] im feministischen Diskurs" (Kienesberger 2014: 45) kritisch gesehen, was sich darin widerspiegelt, dass im Folgenden auf solche Begriffe weitestgehend verzichtet wird.

Des Weiteren muss hinzugefügt werden, dass die vorliegende Arbeit sich ausschließlich mit der weiblichen heterosexuellen Form der Prostitution beschäftigen wird, um den Rahmen dieser Arbeit nicht zu überschreiten. Gleichzeitig soll an dieser Stelle verdeutlicht werden, dass „Prostitution [...] kein geschlechtsneutrales Phänomen" (Angelina et al. 2018: 58) darstellt, da Frauen, die Männer oder andere Personen für sexuelle Handlungen bezahlen, einen Sonderfall abbilden.[3]

---

[3] So hat beispielsweise ein 1992 eröffnetes Bordell, das Dienste für Frauen anbot, nach ungefähr einem halben Jahr wieder geschlossen (Angelina et al. 2018: 58).

Darüber hinaus soll darauf hingewiesen werden, dass eine scharfe Trennung von erzwungener und freiwilliger Prostitution die Vorstellung aufrecht erhält, es gäbe eine Art der anerkennenswerten Prostitution, die als Vertrag zwischen gleichwertigen Parteien fußt. Dem widerspricht die Realität des Großteils der Prostitution, aber das soll im Verlauf dieser Arbeit weiter ausgeführt werden, insbesondere in Kapitel 4.2 (vgl. Jeffreys 2014: 18). Darüber hinaus muss hervorgehoben werden, dass die Unterscheidung freiwilliger und unfreiwilliger Prostitution zu kritisieren ist, da der sogenannte graue Bereich zwischen vorgenannten nicht beachtet wird, in dem

> „die Wahl einer anderen Tätigkeit enorm ein[ge]schränkt [ist]. Aufgrund realer oder selbst empfundener Alternativlosigkeit prostituieren sich die Personen, selbst wenn das nicht wirklich gewollt wird" (Angelina et al. 2018: 12).

Exemplarisch führt Mühlberger (2019:49) dazu an:

> „Mietschulden, drohende Obdachlosigkeit, Hunger, etc. können die ‚Entscheidung‘, in die Prostitution einzusteigen, zu einer persönlichen Zwangshandlung machen".

Deshalb werden Umstände und Gefährdungen in Kauf genommen, wie beispielsweise die „Arbeit ohne Kondom [...] oder die Abgaben an Zuhälter oder Partner" (BMFSFJ 2005b: 19f., zitiert nach Angelina et al. 2018: 12). Juristisch fällt nach dem Prostituiertenschutzgesetz[4] auch diese Gruppe in das Lager der „freiwilligen" Prostitution, was jedoch Gegenstand anhaltender Kontroversen ist (vgl. Angelina et al. 2018: 12). Dementsprechend wird in der vorliegenden Arbeit nicht von einer „freiwilligen" Prostitution gesprochen, was das folgende Zitat des Bundesministeriums für Familie, Senioren, Frauen und Jugend (BMFSFJ, 2007: 9) verdeutlichen soll:

> „Es ist darüber hinaus eine soziale Realität, dass viele Prostituierte sich in einer sozialen und psychischen Situation befinden, in der es fraglich ist, ob sie sich wirklich frei und autonom für oder gegen diese Tätigkeit entscheiden können."

Schließlich lässt sich zusammenfassen, dass die Ausübung der Prostitution einen bewusst getroffenen Entschluss darstellen kann, dieser jedoch nicht im luftleeren Raum gefasst wird. Stattdessen liegen diesem Entschluss strukturelle Ungleichheiten und Zwänge sozialer, politischer und ökonomischer Art zugrunde, wie beispielsweise

---

[4] Das Prostituiertenschutzgesetz wird im Kapitel 4.1 im Zuge der rechtlichen Grundlagen der Prostitution in Deutschland näher erläutert.

ein (von Betroffenen empfundener oder realer) Mangel an Alternativen. Aus diesem Grund wird von der „freiwilligen" Prostitution nur in Anführungsstrichen gesprochen, einerseits, um die strukturellen Gegebenheiten, die zu solch einer Entscheidung führen, zu verdeutlichen, und andererseits, um darauf hinzuweisen, dass diese „Freiwilligkeit" ebenso als eine Unfreiwilligkeit gedeutet werden kann.

3. Historischer Abriss der Prostitution

Im folgenden Kapitel wird sich der Geschichte der Prostitution gewidmet. Ziemann (2017: 10) bezeichnet ein Bordell als

> „ein[en] Spiegel, der nicht ins Innere führt und dort die (andere) menschliche Sexualität zeigt, sondern die verschiedenen Ängste, Neurosen, Wertideen oder Wertbindungen einer jeweiligen Epoche sichtbar macht und damit auf die gesellschaftlichen Strukturen respektive ihre Spannungen und Widersprüche zurückverweist."

Ich erachte es für notwendig, die historischen Wurzeln der Prostitution zu beleuchten, um ihre Rolle und ihr Wirken in der Gegenwart zu verstehen, und um Mythen, die sich immer noch hartnäckig halten, zu entkräften. So wird Prostitution oft als das „älteste Gewerbe der Welt" bezeichnet. Diese Behauptung fand Einzug in die Popkultur und in Stammtischgespräche, aber ebenso in Medienberichte und politische Debatten (vgl. Müllges 2013). Das entspricht jedoch nicht der historischen Realität. In präzivilisatorischen Zeiten und in bäuerlichen Kulturen war sie nicht vorhanden (vgl. Ziemann 2017: 15). Weiterhin ist davon auszugehen, dass Ackerbewirtschaftung, Hausbau, Töpferei, Viehzucht und viele weitere Gewerbe als deutlich ältere Gewerbe zu bewerten sind. Die Prostitution ist demgegenüber an bestimmte städtische, ökonomische, politische sowie weitere Bedingungen geknüpft, die frühestens im antiken Griechenland zu finden sind (vgl. Ziemann 2017: 15).

Zunächst behandelt der folgende Abschnitt dementsprechend die Anfänge der Prostitution im antiken Griechenland sowie ihren Wandel im Römischen Reich. Darauf folgt ein Abschnitt zur Prostitution im Mittelalter, woraufhin letztlich die Prostitution in der Neuzeit behandelt wird.

3.1 Antikes Griechenland

Die sogenannte heilige Prostitution gilt als eine der am frühesten dokumentierten Arten der Prostitution. Sie fand ihren Ursprung während der Antike im Rahmen des Venuskultes, in der es der kulturellen

Norm nach eine religiöse Verletzung darstellte, wenn eine Frau sich sozial und sexuell in ihrem Leben nur einem Mann verschreibt (vgl. Ziemann 2017: 15). Aus diesem Grund musste eine Frau vor ihrer Ehe ein Sühneopfer erbringen. Dies erfolgte, indem sie „ihre Keuschheit gegen die Gunst der Götter und den Segen eines Priesters" (Ziemann 2017: 15) eintauschte.

Diese Norm kam ebenfalls in einem Gesetz der Babylonier zum Ausdruck:

> „Die babylonischen Frauen mußten einmal im Jahr sich im Tempel der Mylitta preisgeben; [...] wo sie mit selbstgewählten Günstlingen der freien Liebe zu pflegen hatten, ehe sie heiraten durften." (Marx/Engels 1962a: 55)

Die dauerhafte Befürwortung der legalen Prostitution entstammt dem Gesetzgeber Athens, Solon, der um 600 v. Chr. das erste städtische Bordell gründete. Darauf folgten weitere Bordelle, die unter staatlicher Aufsicht standen, aber „privatwirtschaftlich" geführt wurden. Das Ziel war, die Auswüchse des Venuskultes einzudämmen und die „Huren"[5] und „Hetären"[6] aus dem öffentlichen Raum – beziehungsweise aus den

---

[5] In diesem Zusammenhang wird der Begriff „Hure" genutzt, weil er die historisch korrekte Bezeichnung darstellt. Eine (Ab-)Wertung ist damit nicht intendiert.
[6] Hetären waren im Gegensatz zu „Huren" sozial anerkannte Prostituierte (vgl. Ziemann 2017: 22f.).

Straßen – zu verdrängen. In den Bordellen arbeiteten Sklavinnen, die von Solon aus den Mitteln des Staatshaushaltes gekauft worden waren und Profit erwirtschafteten, der wiederum in die Staatskassen floss. Auf diese Weise wurde die Prostitution von einer religiösen („heiligen") und kulturellen Norm zu einem staatlich überwachten und reglementierten ökonomischen Tauschgeschäft (vgl. Ziemann 2017: 16f.). Im Zuge dieser „Reform einer neuen altgriechischen Sexualitäts- und Sittenordnung" (Ziemann 2017: 16), die auch „als ein politisches Programm" (ebd.) bezeichnet werden kann, fand auch die sexuelle Doppelmoral Einzug in Athen. Die Monogamie wurde hochgeschätzt und galt als hohes Gut der Reinheit – durch das kontrollierte Ausleben in Bordellen mit Sklavinnen wurde gleichzeitig jedoch die außereheliche männliche Sexualität staatlich geduldet beziehungsweise gefördert, da die Sklavinnen in Bordellen ausschließlich für diesen Zweck erworben worden sind. Die weibliche außereheliche Sexualität der Ehefrauen hingegen war strikt untersagt (vgl. Ziemann 2017: 17f.).

Marx und Engels (1962a: 69) konstatierten, dass auch die Prostituierten – im Gegensatz zu den Männern, die ihre Dienste in Anspruch nahmen – stigmatisiert wurden:

> „In der Wirklichkeit nicht nur geduldet, sondern namentlich von den herrschenden Klassen flott mitgemacht, wird er in der Phrase verdammt. Aber in der Wirklichkeit

trifft diese Verdammung keineswegs die dabei beteiligten Männer, sondern nur die Weiber: Sie werden geächtet und ausgestoßen, um so nochmals die unbedingte Herrschaft der Männer über das weibliche Geschlecht als gesellschaftliches Grundgesetz zu proklamieren."

3.2 Römisches Reich

Die Ehe stand während der Zeit des Römischen Reiches unter dem besonderen Schutz von Staat und Kirche. Die Reproduktion bürgerlicher Strukturen und Sicherung des Erbes bedurften einer klaren Ordnung von Nachkommen, die deshalb ausschließlich aus dem Bund der Ehe stammen sollten. Durch die Verbindung von Ehe und Geschlechtsakt sollte außereheliche Sexualität weitestgehend vermieden werden. Dementsprechend waren unverheiratete Männer generell von diesen Ansprüchen ausgenommen (vgl. Ziemann 2017: 24). Allerdings war auch verheirateten Männern keine strikte Enthaltsamkeit vorgegeben, sondern außereheliche sexuelle Praktiken ihrerseits wurden ethisch sowie juristisch in geringem Maße beachtet oder verfolgt, solange der „Status der Ehe wie Würde der Gattin unverletzt bleiben" (Ziemann 2017: 24). Ziemann (2017: 24) legt dies als „‚Schutzschirm' der Ehe" aus, der nicht nur vor Enttäuschungen sondern auch vor Ehebruch mit anderen Verheirateten schützen soll. In diesem Zusammenhang hat die Prostitution eine elementare

Position inne, die als erhaltende und schützende Funktion fungiert, für die Heiligkeit und Treue innerhalb der Ehe (vgl. Ziemann 2017: 24). Obgleich Cicero in seiner Gerichtsrede „Pro Caelio" aus dem Jahre 56 v. Chr. zur Mäßigung aufruft, will er der Jugend ihr Vergnügen lassen und hält eine Abschaffung der Prostitution für utopisch und sittenstreng (vgl. Cicero 2000: 41/48, zitiert nach Ziemann 2017: 25). Im Jahre 535 n. Chr. führte Kaiser Justinian die im 5. Jahrhundert n. Chr. begonnene Politik der Missbilligung von Prostitution konsequent zu Ende und begann mit der Schließung von Bordellen. Die Begründung hierfür liegt in der Berufung auf die neutestamentarische Morallehre. Sie deklarierte die Prostitution und „fleischliches Begehren" (Ziemann 2017: 26ff.) zur Sünde und erhob die Institution Ehe zu einem Sakrament, in der Sexualität ausschließlich der Reproduktion zu dienen habe.

3.3 Mittelalter

> „Das europäische Mittelalter ist die Blütezeit der Bordelle" (Bloch 1912: 690, zitiert nach Ziemann 2017: 33).

Das 15. Jahrhundert war von drastischen Veränderungen gekennzeichnet. In diesem Zuge entwickelten sich sogenannte „Frauen-häuser" (Bordelle) zur Grundausstattung von

Städten, die sich eben zu dieser Zeit bildeten. Die Prostitution war im Mittelalter zugleich Auswirkung wie auch ideologischer Grundpfeiler, wenn es um die Trennung zwischen vermeintlich jungfräulichen, ehrlichen Frauen auf der einen, und vermeintlich unsittlichen, schlechten Frauen auf der anderen Seite ging (vgl. Ziemann 2017: 33ff.). Ende des 15. Jahrhunderts wurde diese offene Verfahrensweise mit städtischen Bordellen ausdrücklich von den Dominikanern angepriesen. Durch die „Huren" sollten vermeintlich anständige Frauen vor sexualisierter Gewalt[7] – beispielsweise in Form von Übergriffen – geschützt werden (vgl. Schrader 2014: 21ff.). Hier zeigt sich erneut das häufig anzutreffende Bild von männlicher Sexualität als beinahe unkontrollierbar, und davon, dass die Prostitution „kulturelle Abweichung kanalisiere und männliche Triebspannungen

---

[7] Unter sexualisierter Gewalt werden „Formen von Gewalt und Machtausübung mittels sexueller Handlungen" (Bayerisches Staatsministerium für Familie, Arbeit und Soziales o. D.) verstanden. Darunter fallen verschiedene Arten sexueller Übergriffe. Diese werden juristisch laut §177 Absatz 1 StGB definiert als: „Wer gegen den erkennbaren Willen einer anderen Person sexuelle Handlungen an dieser Person vornimmt oder von ihr vornehmen lässt oder diese Person zur Vornahme oder Duldung sexueller Handlungen an oder von einem Dritten bestimmt [...]" (BMFSFJ o. D.). In der vorliegenden Arbeit werden nicht die Begrifflichkeiten „sexuelle Übergriffe" oder „sexuelle Gewalt" verwendet, die umgangssprachlich geläufig sind, sondern der Begriff der „sexualisierten Gewalt", da dadurch präzisiert wird, dass die Sexualität als ein Werkzeug zur Gewalt- und Machtausübung eingesetzt wird (vgl. Bayerisches Staatsministerium für Familie, Arbeit und Soziales o. D.).

neutralisiere" (Ziemann 2009: 175). Die Frauen, die im 16. Jahrhundert der Prostitution nachgingen, waren von dem demografischen Wachstum betroffen wie auch zumeist arm beziehungsweise alleinstehend und mussten sich ihren Lebensunterhalt selbst verdienen (vgl. Schrader 2014: 22). Die „Dirnen" galten unter den Prostituierten als Frauen der untersten Schicht der mittelalterlichen Gesellschaften beziehungsweise gehörten keinem Hausstand an und waren somit für jeden frei verfügbar (vgl. Schrader 2014: 21ff.). Die städtische Prostitution wurde während des Spätmittelalters aufgrund des wachsenden gesellschaftlichen Einflusses des Christentums und der Kirche zunehmend als nicht hinnehmbarer Verstoß gegen die Sittlichkeit wahrgenommen, denn als ein „geringeres Übel" begriffen und verlagerte sich infolgedessen erneut in die „Gassen, Keller und ,geheimen' Mietwohnungen" (Ziemann 2017: 51).

3.4 Neuzeit

> „Das 19. Jahrhundert kann unzweifelhaft als jenes bezeichnet werden, in dem die Bordellfrage ihren Höhepunkt erreicht." (Ziemann 2017: 67)

Die sogenannte Bordellfrage wird mit den Problemen der Syphilis, des Pauperismus und mit dem Befund eines Sittenverfalls innerhalb der Großstädte in einen Zusammenhang gestellt (vgl.

Ziemann 2017: 67). In Deutschland sind die gesellschaftlichen Diskussionen und Ver- bzw. Aushandlungsprozesse zum Thema der Sozialhygiene sowie untergeordnet zur Sittenpolitik omnipräsent (vgl. Ziemann 2017: 67). Im Jahr 1871 wurde im neu gegründeten Deutschen Kaiserreich eine Gesetzesnovellierung durchgeführt, die eine starke Reglementierung vorsah. In diesem Zuge wurde die erste Sperrgebietsverordnung in München erlassen (vgl. Schmitter 2013).

Im Jahr 1916 erließ das Königliche Stellvertretende Generalkommando des 9. Armeekorps in Altona eine Verordnung, nach der alle Frauen zwangsweise von der Zivilverwaltung der zuständigen Militärbehörden untersucht werden konnten. Der Sinn dieser Verordnung war, die Verbreitung von Geschlechtskrankheiten einzudämmen (vgl. Schmitter 2013). Prostituierte wurden als Ausgangspunkt von gesundheitlichen Gefahren für die männliche Bevölkerung identifiziert (vgl. Büschi 2011: 40f.). Darüber hinaus ist auf das Schlagwort der Sittenwidrigkeit zu verweisen, das dem historischen Kontext Ende des 19. Jahrhunderts entstammt (vgl. Ziemann 2017: 93). Das seit der Weimarer Republik in verschiedenen Paragraphen verankerte Schlagwort war Teil verschiedener repressiver Gesetze gegen die Prostitution (vgl. Ziemann 2017: 93). Dies hielt den Großen Senat des Bundesgerichtshofes jedoch 1964 nicht davon ab, neben der Sittenwidrigkeit Prostitution als Tätigkeit festzusetzen, sodass die

Einkünfte der Einkommenssteuerpflicht unterliegen (vgl. Ziemann 2017: 93). Die Regelungen der Prostitution unter der nationalsozialistischen Diktatur sowie die dazugehörige (Zwangs-)-Prostitution in Konzentrationslagern und im Militär werden in diesem Zusammenhang nicht behandelt, da dies den Rahmen dieser Arbeit überschreiten würde. Die Sittenwidrigkeit wurde schließlich im Jahr 2000 vom Bundesverfassungsgericht aufgehoben (vgl. Ziemann 2017: 93f.).

4. Heutige Lage der Prostitution in Deutschland

Im Folgenden wird die generelle Lage der Prostitution in Deutschland abgebildet. Die rechtlichen Grundlagen werden in 4.1 ausführlich erläutert, um ein ganzheitliches Bild der Geschichte der Gesetzesnovellierungen im Bereich der Prostitution abzubilden. Um die Novellierungen zu bilanzieren, werden ebenso empirische Untersuchungen zu den Veränderungen erläutert. In den weiteren Kapiteln 4.2 und 4.3 soll die Prostitution in Deutschland anhand von ökonomischen, politischen und sozialen Gegebenheiten umrissen werden. Dazu werden Migrationsentwicklungen dargestellt, Probleme bei der Kriminalitätsbekämpfung sowie Menschenhandel in Deutschland – infolge der zuvor aufgezeigten rechtlichen Liberalisierung – umrissen und der Zusammenhang staatlicher Maßnahmen mit ökonomischen Interessen verdeutlicht.

Die Kapitel sollen eine Bestandsaufnahme liefern, um im darauffolgenden Teil die theoretischen Grundlagen verschiedener feministischer Positionen erörtern zu können.

4.1 Rechtliche Grundlagen

> „Die Verabschiedung des Prostitutionsgesetzes war das Ergebnis eines schwierigen politischen Prozesses, der über einen Zeitraum von ca. 30 Jahren immer wieder Impulse aus unterschiedlichen Richtungen und Anlässen erhalten hat, ohne in einen breiten, abschließenden gesellschaftlichen Konsens hinsichtlich des richtigen Umgangs mit der gesellschaftlichen Realität der Prostitution zu münden." (BMFSFJ 2007: 6)

Das Prostitutionsgesetz (ProstG), das am 01.01.2002 eingeführt worden ist, gilt als eines der liberalsten Prostitutionsgesetze in ganz Europa (vgl. Angelina et al. 2018: 14). Mit der Einführung des Gesetzes sollte keine Abschaffung oder Aufwertung der Prostitution fokussiert werden. Die Intention des

Gesetzgebers war es, diejenigen Frauen und auch Männer, die „freiwillig" in der Prostitution arbeiten, zu unterstützen, indem eine Verbesserung ihrer rechtlichen und sozialen Lage angestrebt wird (vgl. BMFSFJ 2007: 6). Gleichzeitig sollte

> „[d]ie rechtliche und soziale Situation von Migrantinnen ohne gültigen Aufenthaltstitel, Minderjährigen oder drogenabhängigen Beschaffungsprostituierten"
>
> (BMFSFJ 2007: 8)

durch diesen Ansatz ausgeklammert werden. Zur Verbesserung der Situation von „freiwilligen" Prostituierten gehörte einerseits die Abschaffung „der bisherigen Bewertung der Prostitution als sittenwidriges und damit unwirksames Rechtsgeschäft" sowie die Einführung eines erleichterten „Zugang[s] von Prostituierten zur Sozialversicherung" (BMFSFJ 2007: 7).

Die Bewertung der Prostitution als sittenwidrig führte zur Unwirksamkeit aller Vereinbarungen nach § 138 BGB, die auf die Erbringungen sexueller Handlungen gerichtet waren. Konkret hatte dies zur Folge, dass die Prostituierten keinen Anspruch auf eine Gegenleistung für ihre Dienste hatten (vgl. BMFSFJ 2007: 11).

Das 2002 eingeführte Prostitutionsgesetz hatte somit zur unmittelbaren Konsequenz, dass die rechtlichen Voraussetzungen für eine Durchsetzbarkeit des Entgeltanspruchs von

Prostituierten geschaffen wurden. Im Rahmen der empirischen Untersuchung zu den Auswirkungen des Prostitutionsgesetzes hingegen ergab sich, dass die Möglichkeit der gerichtlichen Durchsetzung bis zu diesem Zeitpunkt nur in verschwindend geringem Maße genutzt wurde (vgl. BMFSFJ 2007: 12). Als Gründe dafür wurden in erster Linie „die in der weiblichen Prostitution weit verbreitete Praxis der Vorkasse" (BMFSFJ 2007: 12) angegeben, sowie die „weitgehende Anonymität der Kunden-kontakte" (ebd.), ein „fehlendes Bewusstsein für eigenen Rechte bei den Prostituierten" (ebd.), und ebenso die „mit einem Gerichtsverfahren verbundene Aufgabe der eigenen Anonymi-tät" (ebd.) angegeben.

Die Zielsetzung des Gesetzgebers mit dem ProstG war, die Schließung von Arbeitsverträgen zu legitimieren, damit die Etablierung von sozial-versicherungspflichtigen Beschäftigungsverhält-nissen Prostituierten den Zugang zur Sozialver-sicherung erleichtert und überdies die Grundvoraus-setzungen für eine soziale Absicherung von Prostituierten verbessert werden (vgl. BMFSFJ 2007: 14). Die Bedingungen für die Aufnahme eines sozialversicherungspflichtigen Beschäftigungsver-hältnisses lauten

> „dass eine Tätigkeit ausgeübt wird, die gekennzeichnet ist durch
> • ein eingeschränktes Direktionsrecht des Arbeitgebers bei einem Höchstmaß an Eigenverantwortung der Prostituierten,
> • durch eine gewisse Eingliederung im Betrieb,
> • durch die Freiwilligkeit der Tätigkeit"
> (BMFSFJ 2007: 14f.).

Die gesetzlichen Hindernisse für die Schließung von Arbeitsverträgen sowie der Anmeldung von Beschäftigungsverhältnissen innerhalb der Prostitution wurden somit gemindert. Trotzdem wurde diese Option von Betroffenen bloß marginal wahrgenommen: 72,8 Prozent der schriftlich befragten Prostituierten arbeiteten selbstständig beziehungsweise auf Provisionsbasis. Einen Arbeitsvertrag als Prostituierte hingegen hatten ein Prozent (vgl. BMFSFJ 2007: 15). Die restlichen Befragten hatte „einen Arbeitsvertrag über eine andere Tätigkeit, beispielsweise als Barfrau, Hostess" (BMFSFJ 2007: 15), „einen Minijob" (ebd.) oder „waren in irgendeiner Art und Weise im Prostitutionsbereich angestellt" (ebd.).

Ein Grund für diese Praxis ist laut Betreiberseite, dass die Prostituierten zumeist keinen Arbeitsvertrag wünschten, was wiederum durch die Befragung von Prostituierten bestätigt wurde (vgl. BMFSFJ 2007: 16ff.). Diese argumentierten mit der Befürchtung, bei Arbeitsverträgen „den Verlust ihrer sexuellen Autonomie, sowie ihrer selbstbestimmten Wahl von

Arbeitszeit und -ort" (BMFSFJ 2007: 17) hinnehmen zu müssen. Daneben spielten noch „Sorge des Anonymitätsverlustes und die [...] negativen sozialen Konsequenzen" (BMFSFJ 2007: 17) eine Rolle, wie auch die Einschätzung der Frauen, dass sie „die Tätigkeit in der Prostitution als kurzfristig angelegt verstehen" (ebd.). Darüber hinaus sahen die Betreiber[8] mit einem eingeschränkten Weisungsrecht auf ihrer Seite ein hohes „betriebswirtschaftliches Risiko" (BMFSFJ 2007: 16). Demzufolge dürften Prostituierte Kunden beziehungsweise Freier oder Sexualpraktiken ablehnen, während die Betreiber zur Zahlung eines Gehaltes verpflichtet wären (vgl. BMFSFJ 2007: 16).

Die vorangegangene Ausführung bezüglich der Evaluation des ProstG im Jahr 2007 verdeutlicht die vorhandenen Defizite. Daraufhin mehrten sich kritische Diskussionen um eine Reform des Gesetzes (vgl. Euchner 2015: 18). Infolgedessen ist das Prostituiertenschutzgesetz (ProstSchG) erlassen worden, das am 1. Juli 2017 in Kraft getreten ist und das die Lage von Prostituierten stärken soll (vgl. BMFSFJ 2020: 8).

---

[8] Um darauf hinzuweisen, dass Betreiber von Prostitutionsstätten vor allem männlichen Geschlechts sind, wird nur die männliche Form genutzt. Weibliche Betreiberinnen werden implizit mitgemeint, jedoch aufgrund ihrer seltenen Position nicht sprachlich hervorgehoben.

„Vor diesem Hintergrund ist das Ziel des Prostituiertenschutzgesetzes zum einen fachgesetzliche Grundlagen zur Gewährleistung verträglicher Arbeitsbedingungen zum Schutz der Gesundheit von in der Prostitution tätigen Personen zu schaffen. Zum anderen bezweckt das Gesetz, gefährliche Erscheinungsformen in der Prostitution wie Menschenhandel, Zwangsprostitution und Zuhälterei einzudämmen, ohne dabei vor allem die Stärkung des sexuellen Selbstbestimmungsrechts von Prostituierten aus dem Blick zu verlieren." (BMFSFJ 2020: 8)

Zunächst regelt das Gesetz „die Einführung der Erlaubnispflicht für alle Prostitutionsgewerbe" (BMFSFJ 2020: 9), die an „die Erfüllung gesetzlicher Mindestanforderungen wie die Vorlage eines zulässigen Betriebskonzepts [...] geknüpft" (ebd.) ist. Damit wurde der Versuch unternommen, den Bereich der Prostitution durch eine staatliche Mäßigung beziehungsweise kontrollierende Maßnahmen kriminellen Milieus und Organisationen zu entziehen. Darüber hinaus gilt seit dem ProstSchG eine Anmeldepflicht für Prostituierte (vgl. BMFSFJ 2020: 9). Diese Anmeldung muss laut Gesetzgeber persönlich erfolgen und ist mit einem „Beratungsgespräch über die Rechte und Pflichten einer Prostituierten verbunden" (BMFSFJ 2020: 9). Daraufhin wird von

„der zuständigen Behörde […] eine Bescheinigung[9] ausgestellt" mit einer Geltungsdauer von zwei Jahren und der Möglichkeit einer Verlängerung (BMFSFJ 2020: 9). Damit einhergehend ist „eine gesundheitliche Beratung bei einer für den Öffentlichen Gesundheitsdienst zuständigen […] Behörde wahrzunehmen" (BMFSFJ 2020: 10), die „vor Aufnahme der Tätigkeit und anschließend in regelmäßigem Rhythmus" (ebd.) stattzufinden hat.[10] Überdies wurde eine Kondompflicht gesetzlich verankert, um das Risiko von sexuell übertragbaren Krankheiten zu minimieren und den Gesundheitsschutz von beteiligten Personen auszubauen. Für die Einhaltung dieser muss der Betreiber durch sichtbare Aushänge sorgen. Darüber hinaus gilt ein Werbeverbot für Geschlechtsverkehr ohne Kondom, sowie ein Werbeverbot für den Geschlechtsverkehr mit Schwangeren (vgl. BMFSFJ 2020: 54f.).[11] Bei Zuwiderhandlung bezüglich der Kondompflicht droht dem Kunden beziehungsweise Freier ein Bußgeld (vgl. BMFSFJ 2020: 55).

---

[9] Im umgangssprachlichen Gebrauch wird die ausgestellte Anmeldebescheinigung auch als „Hurenpass" (Schüller 2019) beziehungsweise als „Hurenausweis" (Fiebig 2020) betitelt.

[10] „Für Personen unter 21 Jahren sind eine kürzere Gültigkeitsdauer der Anmeldebescheinigung sowie ein kürzerer Rhythmus der gesundheitlichen Beratung vorgesehen" (BMFSFJ 2020: 10).

[11] Das Werbeverbot gilt auch, wenn der Hinweis auf ein Angebot von Geschlechtsverkehr ohne Kondom oder mit Schwangeren „in mittelbarer oder sprachlich verdeckter Form erfolgt" (BMFSFJ 2020: 55).

Eine Evaluation des ProstSchG sollte laut des Zwischenberichtes im Jahr 2022 einsetzen und ein abschließender Evaluationsbericht soll im Jahr 2025 dem Deutschen Bundestag vorgelegt werden (vgl. BMFSFJ 2020: 40). Aus diesem Grund kann an dieser Stelle nicht auf die Folgen des ProstSchG eingegangen werden, da es keine ausreichende wissenschaftliche Datenlage oder anderweitige wissenschaftliche Erhebungen dazu gibt. Jedoch lässt sich sagen, dass das ProstSchG von Beginn an vielfach kritisiert wurde. Das „Internationale Komitee für die Rechte von Sexarbeiter*innen in Europa" (2017: 22) bezeichnete es beispielsweise als „durchgängig inakzeptabel" und sieht darin ein „Gesetz zur Verdrängung der Sexarbeit".

4.2 Deutschland als „Bordell Europas"

> „In den letzten Jahren hat sich Deutschland den Ruf eingehandelt, ‚Europas größtes Bordell' zu sein." (Euchner 2015: 1)

Das Statistische Bundesamt (2021) zählte Ende 2020 rund 24.900 angemeldete Prostituierte gemäß dem ProstSchG. Davon besitzen knapp 20 Prozent die deutsche Staatsangehörigkeit, wohingegen die häufigste Staatsangehörigkeit die rumänische ist, welche 35 Prozent der angemeldeten Prostituierten ausmachen, darauf folgen die bulgarischen und die ungarischen Staatsbürgerschaften (vgl. Statistisches Bundesamt 2021).

In wissenschaftlichen sowie journalistischen Publikationen wurde häufig die Zahl von 400.000 Prostituierten in (West-)Deutschland genannt, die auf einer Schätzung der Prostituiertenberatungsstelle Hydra e.V. aus den 1980er Jahren basiert. Zuverlässige Daten gibt es nicht, dafür werden verschiedene Gründe angeführt, darunter die Zwänge des kriminellen Milieus, Stigmatisierung von prostituierten Frauen, sowie häufig bloß eine kurze oder unregelmäßige Dauer der Ausübung (vgl. Sierpinski 2015; vgl. Angelina et al. 2018: 20). Es ist ein umstrittener Diskussionsgegenstand „[o]b die geschätzte Anzahl der in der Prostitution tätigen Personen damals wie heute höher oder geringer ist" (Angelina et al. 2018: 20).

Angelina et al. (2018: 20) führt weiterführend am Beispiel der Stadt München an, dass die Prostitution sich dort vermutlich verdoppelt oder auch verdreifacht hat. Wurden in den 1990er Jahren ungefähr 800 bis 1.000 Frauen in der Prostitution geschätzt, waren es laut des Polizeipräsidiums München im Jahr 2016 hingegen 2.777 Prostituierte.

TAMPEP[12] (2007: 5) stellt fest, dass Deutschland ein bedeutsames Durchgangs- und Zielland für ausländische Prostituierte ist. Migrantinnen machen über die Hälfte der Prostituierten in Deutschland

---

[12] „European Network for HIV/STI Prevention and Health Promotion among Migrant Sex Workers"

aus, davon kommt die Mehrheit aus osteuro-
päischen Ländern (vgl. TAMPEP 2007: 6). Dies ist
als eine Folge der zunehmenden Globalisierung zu
sehen, wie im Speziellen der EU-Osterweiterungen
im Mai 2004 und 2007 (vgl. Albert/Wege 2015: 82;
vgl. Angelina et al. 2018: 21).

TAMPEP (2007: 5) sieht in dem liberalen
deutschen Prostitutionsgesetz einen weiteren „Pull-
Faktor" für die sich prostituierenden Frauen.

> „Die Politik hat sich mit der Öffnung der
> Grenzen innerhalb der EU eher
> ökonomische Ziele erhofft und machte
> sich kaum Gedanken über die sozialen
> Auswirkungen und den Zuzug von
> ArbeitsmigrantInnen."
> (Albert/Wege 2015: 86)

Weiterhin ist davon auszugehen, dass die Frauen
aufgrund eines ökonomischen Zwangs und einer
Perspektivlosigkeit in ihrem Heimatland nach
Deutschland in die Prostitution kommen (vgl.
Albert/Wege 2015: 86; vgl. Angelina et al. 2018:
22).

Das folgende Zitat soll erläutern, in welcher
kritischen Situation sich Frauen in der Prostitution
befinden und welche Faktoren Einfluss auf die
Entscheidung haben, in die Prostitution
einzusteigen:

> „Aus Armutsmigration wird Armutsprosti-
> tution. Armutsprostitution bedeutet, die
> Frauen haben extrem nachteilige bio-

graphische Voraussetzungen (fehlende
Schul- und Berufsbildung, frühe Gewalterfahrungen, Mutterschaft im Jugendalter,
Probleme bei der Existenzsicherung ...),
ihnen fehlt ein gutes Selbstmanagement
(keine Gesundheitsversorgung, Geschlechtsverkehr ohne Kondom, mangeln-
de Deutschkenntnisse, ohne Zukunfts-
planung...). Inakzeptable ‚Markt'gesetze
und -bedingungen (Dumpingpreise, ex-
trem hohe tägliche Freierzahlen, Gewalterfahrungen...) bestimmen ihr Leben."

(Niesner 2014: 2)

Weiterhin sind die Auswirkungen des ProstG auf die
Kriminalitätsbekämpfung im Bereich der Prostitution umstritten.[13]

> „Mit dem Gesetz wurde auch die
> Erwartung verknüpft, dass die kriminellen
> Begleiterscheinungen der Prostitution zu-
> rückgedrängt [...] werden" (BMFSFJ
> 2007: 6).

Eine schriftliche Befragung von 52 Staatsanwalt-
schaften sowie 20 Polizeidienststellen im Rahmen
einer empirischen Untersuchung kam zu dem
Ergebnis, dass 34,5 Prozent der Befragten „in dem
Wegfall der Förderung der Prostitution [[14]] einen

---

[13] „Im Fokus steht dabei der Ausschnitt der Strafverfolgung von
Zuhälterei, Schleusung und Menschenhandel sowie Formen
organisierter Kriminalität wie illegaler Waffen- oder Drogen-
handel" (BMFSFJ 2007: 45).
[14] „§ 180a. Förderung der Prostitution.

Erschwernisgrund für ihre Arbeit im Bereich der Strafverfolgung von Menschenhandel und Zuhälterei" (BMFSFJ 2007: 46) sahen. Außerdem gaben „[v]ier von 16 auf der Grundlage des Bogens befragten Vertretern und Vertreterinnen der Polizei" (BMFSFJ 2007: 48) an, „in dem Prostitutionsgesetz eine Erschwernis für den Bereich der Strafverfolgung wegen Zuhälterei" (ebd.) zu sehen. Einige Repräsentanten der Polizei bezeichneten das ProstG überdies als „Zuhälterschutzgesetz" (Hunecke 2011: 118, zitiert nach Hill/Bibbert 2019: 14).

Demzufolge kann bereits an dieser Stelle eine kritische Bilanz bezüglich der angestrebten Kriminalitätsbekämpfung im Bereich der Prostitution gezogen werden. Es gibt außerdem Stimmen in der Diskussion um die Liberalisierung der Prostitution, die noch einen Schritt weitergehen und Deutschland neben dem Titel als „Bordell Europas" (Gießener Anzeiger 2020) als ein „inzwischen sowohl Ziel-, Transit- als auch Herkunftsland für Menschenhandel" bezeichnen

---

(1) Wer gewerbsmäßig einen Betrieb unterhält oder leitet, in dem Personen der   Prostitution nachgehen und in dem
1. diese in persönlicher oder wirtschaftlicher Abhängigkeit gehalten werden oder
2. die Prostitutionsausübung durch Maßnahmen gefördert wird, welche über das bloße Gewähren von Wohnung, Unterkunft oder Aufenthalt und die damit üblicherweise verbundenen Nebenleistungen hinausgehen, wird mit Freiheitsstrafe bis zu drei Jahren oder mit Geldstrafe bestraft" (§180a Abs. 1 Nr. 2 StGB i. d. F. v. 1998).

(Albert/Wege 2015: 174). So schreibt DER SPIEGEL (2013):

> „Germany has become a ‚center for the sexual exploitation of young women from Eastern Europe, as well as a sphere of activity for organized crime groups from around the world,‘ says Manfred Paulus, a retired chief detective from the southern city of Ulm“.

Die These, dass durch die Liberalisierung beziehungsweise Legalisierung der Prostitution Menschenhandel in Deutschland zugenommen hat, wurde in einer Studie von Cho et al. bestätigt:

> „The scale effect of legalizing prostitution leads to an expansion of the prostitution market and thus an increase in human trafficking“ (2013: 75).

Die besagte Studie hat unter anderem durch eine quantitative empirische Analyse die Daten von bis zu 150 Ländern erforscht und aufgezeigt, dass Länder mit einer legalisierten Prostitution durchschnittlich ein höheres Maß an gemeldeten Zuflüssen von Menschenhandel verzeichnen als die Länder ohne legalisierte Prostitution. Dazu wurden nicht nur länderübergreifende Vergleiche durchgeführt, sondern auch ein Vergleich Deutschlands vor und nach der weiteren Legalisierung (vgl. Cho et al. 2013: 75f.).

„The estimates show that the number of victims gradually declined during 1996–97, the first years of data collection, and 2001, when the minimum estimate was 9,870 and the maximum 19,740.37. However, this number increased upon fully legalizing prostitution in 2002, as well as in 2003, rising to 11,080–22,160 and 12,350–24,700, respectively" (Cho et al. 2013: 75).

Somit lässt sich abschließend sagen, dass die (rechtliche) Liberalisierung der Prostitution in Deutschland eine grundlegende Voraussetzung für die Zunahme der Zahl an migrantischen Prostituierten, insbesondere aus Osteuropa, darstellt. Inwieweit auf einen kausalen Zusammenhang zwischen der Liberalisierungspolitik und der Zunahme von Menschenhandel geschlossen werden kann, muss als Gegenstand weiterer wissenschaftlicher Untersuchungen fungieren. Die bisherige Datenlage lässt die Vermutung zu, dass der Ruf Deutschlands, das „Bordell Europa" zu sein, unmittelbar mit der Gesetzgebung zusammenhängt und diese eine Erschwernis im Bereich der Kriminalitätsbekämpfung darstellt.

4.3 Die Rolle des Staates

Seit dem Jahr 2014 werden auf europäischer Ebene in die Berechnung des Bruttoinlandsproduktes (BIP) weitere wirtschaftliche Aktivitäten miteinbezogen, wie beispielsweise Einnahmen aus Drogenschmuggel, Waffenhandel und auch Prostitution (vgl. Deutsche Welle 2014).[15] Die Initiative „Stopp Sexkauf" formuliert die staatliche Einberechnung der sogenannten Schattenwirtschaft und damit auch der Prostitution als etwas,

> „was ihn [den Staat] wirtschaftlich besser dastehen lässt, da das BIP die ökonomische Leistung einer Volkswirtschaft abbildet" (Stoppsexkauf 2021).

Der Bereich der Prostitution ist einer, in dem viel Geld erwirtschaftet wird und im Umlauf ist. Die Einnahmen aus der Prostitution werden von der Gewerkschaft ver.di auf 14,5 Milliarden Euro im Jahr geschätzt (vgl. Generaldirektion Interne Politikbereiche der Union 2014: 25; vgl. DER SPIEGEL 2013). Offenkundig profitieren Betreiber und Vermieter ökonomisch an der Prostitution, unter anderem durch die besonders hohen Mieten in Bordellen, die die prostituierten Frauen zahlen

---

[15] Diese Regelung stand scharf in der Kritik, weil dadurch ein künstliches Aufbauschen des BIP herbeigeführt würde. Infolgedessen würde die Schuldenquote gesenkt, wenn das BIP steigt. Für Deutschland würde die Schuldenstandquote somit von 80 Prozent auf 77,7 Prozent des BIP sinken (vgl. Deutsche Welle 2014).

müssen. Diese Mieten belaufen sich teilweise auf bis zu 150 Euro für ein Zimmer am Tag. Dazu kommen überhöhte Preise für Verpflegung oder Bedarfsgüter (vgl. Angelina et al. 2018: 24f.).

Durch die Legalisierung und Liberalisierung der Prostitution wird ein weiterer (ökonomischer) Akteur hinzugezogen: der Staat. Da (wie in Punkt 4.1 ausgeführt) die Mehrheit der Prostituierten einer selbstständigen Tätigkeit nachgeht, muss eine Prostituierte Einkommenssteuer, Gewerbesteuer und Umsatzsteuer zahlen. Hinzu kommt eine spezielle Vergnügungssteuer[16], die sich in Köln auf 150 Euro pro Monat beläuft (vgl. Angelina et al. 2018: 25). Die Folge davon ist, dass die Stadt Köln im Jahr 2007 rund 1,4 Millionen Euro durch die Vergnügungssteuer einnahm. 877.000 Euro davon kamen direkt von Kölner Prostituierten (vgl. RP ONLINE 2018). „Im Krisenjahr 2009 brachen die Steuern ein: Nur rund 782.000 Euro wurden […] ‚erwirtschaftet‘, nur noch zwei Drittel der eigentlich anvisierten Summe“ (koeln.de 2010). Im Jahr 2014 nahmen 34 Kommunen insgesamt 3,4 Millionen Euro durch die Vergnügungssteuer in Bordellen ein. Darunter waren auch finanzschwache Städte wie Duisburg, die von der Prostitution profitieren (vgl. Kölner Stadt-Anzeiger 2015).

Eine weitere Art, staatliche Einnahmen zu erzielen, sind Geldstrafen für Prostituierte zu erheben. Dazu zählt beispielsweise die Ausübung

---

[16] Im umgangssprachlichen Gebrauch wird die Vergnügungs-steuer auch „Sex-Steuer“ genannt (vgl. RP ONLINE 2018).

der Prostitution in einem Sperrbezirk[17]. Bei Zuwiderhandlung droht der Prostituierten beim ersten Mal ein Bußgeld im Rahmen einer Ordnungswidrigkeit. Beim wiederholten Mal handelt es sich jedoch um eine Straftat[18] (vgl. Berufsverband Sexarbeit e.V. 2020a). Im Rahmen der Corona-Pandemie kamen durch das geltende Prostitutionsverbot Bußgelder in Höhe von bis zu 5.000 Euro hinzu.

Einige Akteure und Akteurinnen der Sozialen Arbeit sehen in der Bestrafung von Prostituierten eine Zumutung. In einem Offenen Brief von vier Prostitutionsverbänden an den Bürgermeister und die Gesundheitssenatoren Berlins wird gefordert, dass die Bußgelder stattdessen ausschließlich Freier betreffen (vgl. Frank 2020). Den Prostituierten sollen hingegen „unbürokratische finanzielle Hilfen, dauerhafte Notunterkünfte sowie Ausstiegsprogramme zugesichert werden" (Frank 2020). Anstelle von Notunterkünften traf der Bund die Ausnahmeregelung, dass Prostituierte an ihrem Arbeitsplatz schlafen dürfen – auch wenn das ursprünglich mit dem ProstSchG verboten wurde,

---

[17] Als Sperrbezirk wird ein Gebiet definiert, in dem die Ausübung der Prostitution eingeschränkt oder gar nicht erlaubt ist. Dabei kann es sich auch um bestimmte Uhrzeiten handeln (vgl. Berufsverband Sexarbeit e.V. 2020a).

[18] § 184f. Ausübung der verbotenen Prostitution
Wer einem durch Rechtsverordnung erlassenen Verbot, der Prostitution an bestimmten Orten überhaupt oder zu bestimmten Tageszeiten nachzugehen, beharrlich zuwiderhandelt, wird mit Freiheitsstrafe bis zu sechs Monaten oder mit Geldstrafe bis zu einhundertachtzig Tagessätzen bestraft (§ 184f StGB).

ist das trotz dessen teilweise üblich. Eine Verpflichtung für Bordellbetreiber, die Zimmer kostenlos zuzusichern, folgte daraus nicht, obwohl die Zimmer häufig über 100 Euro pro Tag kosten (vgl. Hassenkamp 2020).

Darüber hinaus erhielt ein Fall mediale Aufmerksamkeit, in dem ein Freier Anklage gegen eine Prostituierte erhob. Ihr wurde Betrug vorgeworfen, da sie den sexuellen Akt plötzlich beendet habe. Die Folge war die Einstellung des Prozesses gegen eine Zahlung in Höhe von 500 Euro seitens der Prostituierten. Bei diesem Beispiel kommt einerseits zum Ausdruck, inwiefern die Definition einer „sexuellen Dienstleistung" und ihre staatliche Regulierung ein subjektiv empfundenes Recht auf eine vermeintlich angemessene Ausführung der Dienstleistung aufseiten des Freiers bestärkt wird. Zum anderen zeigt sich, dass der Staat durch das Einfordern von Geldern von Prostituierten eben diese Frauen in der Abhängigkeit und damit ebenso in der Prostitution hält (vgl. Mau 2020).

Zusammenfassend lässt sich sagen, dass die Rolle des Staates als (ökonomisch handelnder) Akteur – in Bezug auf Prostitution – als Gegenstand weiterer wissenschaftlicher Untersuchungen fungieren sollte und an dieser Stelle keine abschließende Zuschreibung getroffen werden kann. Es kann jedoch bereits an dieser Stelle festgehalten werden, dass in Deutschland „Prostitution in die Staatspolitik aufgenommen" (Sass 2017: 88) worden ist mit einer

> „Tradition legaler Prostitution, historisch gewachsenen Rotlichtvierteln und staatlicher Versteuerung der Sexindustrie, aus der jährlich Millionen in den Staatshaushalt fließen" (ebd.).

5. Prostitution als feministischer Diskussionsgegenstand

Die aktuelle Diskussion über Prostitution innerhalb feministischer Debatten kam im Zuge der Zweiten Frauenbewegung während der 1970er Jahre auf. Durch Erörterungen, die die Sexualität in ein Gesamtbild einordneten, das von Ungleichheit geprägte Geschlechterverhältnisse markierte, wurde ebenfalls Prostitution debattiert (vgl. Grubner/Ott 2014: 146). Dabei liegt der Fokus in erster Linie auf der heterosexuellen weiblichen Prostitution – also dem Angebot von Sexualität durch weibliche Prostituierte auf der einen Seite und der Nachfrage und finanziellen Entlohnung durch männliche Freier auf der anderen Seite (vgl. Grenz 2007: 11).

Innerhalb dieser Debatte können hauptsächlich zwei sich gegenüberstehende Positionen herausgestellt werden. Grenz (2007: 11) bezeichnet diese

beiden als „Befürwortung" und „Ablehnung".
Bastian/Billerbeck (2011: 26) benennen die
Strömungen als „liberale Haltung"[19] einerseits und
„abolitionistische Haltung" (ebd.) andererseits. In
der vorliegenden Arbeit werden die angeführten
Begriffe teilweise synonym füreinander genutzt,
damit wird Befürwortung als liberale Haltung und
Ablehnung als abolitionistische Haltung
verstanden.

Die befürwortende sowie die ablehnende
Haltung in Bezug auf Prostitution sind beide jeweils
gesellschaftspolitisch maßgeblich wirkungsreich.
Während sich in Deutschland und den Niederlanden
eine Liberalisierung durchsetzte, wurde in
Schweden infolge eines abolitionistischen
Standpunktes ein Sexkaufverbot eingeführt (vgl.
Grenz 2007: 11). In beiden Lagern lässt sich eine
inhaltliche Übereinstimmung feststellen.

> „Es wird also unabhängig davon, ob
> Autorinnen die Prostitution befürworten
> oder nicht, gegen das Patriarchat und für
> die sexuelle Selbstbestimmung von Frauen
> gekämpft, nur auf jeweils andere
> Weise" (Grenz 2007: 15).

Trotz unterschiedlichster Auffassungen über
Prostitution besteht sowohl beim liberalen als auch

---

[19] Als weitere Synonyme für die liberal-feministische Haltung
sind auch „sogenannte sex-positive, sex-radikale oder libertäre
Perspektiven" (Grubner/Ott 2014: 145) zu nennen, ebenso wie
die „‚sex-work'-Perspektive" (Kortendiek et al. 2019: 848).

beim abolitionistischen Lager Einigkeit über die Notwendigkeit einer Verbesserung der Situation prostituierter Frauen. Was unter Verbesserung verstanden wird, auf welche Art diese geschehen soll und wie Prostitution gesellschaftlich eingeordnet werden kann, soll im Folgenden jeweils für die liberal-feministische Haltung sowie für die abolitionistische Haltung erörtert werden. Darüber hinaus soll im Anschluss an die beiden erläuterten Strömungen auch auf traditionelle Positionen der Arbeiter:innenbewegung zur Prostitution eingegangen werden, da auch diese in feministischen Debatten wirkmächtig sind, jedoch historisch sowie inhaltlich zu differenzieren sind.

5.1 Theoretische Unterfütterung einer liberal-feministischen Haltung

Im Folgenden wird die liberal-feministische Haltung zur Prostitution dargelegt. Die historischen Wurzeln der liberal-feministischen Haltung liegen in der „Lohn für Hausarbeit"-Kampagne (LfH) aus den 1970er Jahren (vgl. Bastian/Billerbeck 2010: 32). Vor dem Hintergrund der Zweiten Frauenbewegung entstanden Theorieentwürfe, die insbesondere durch einen neuen Arbeitsbegriff geprägt waren, was wiederum eine veränderte Betrachtung von Reproduktionsarbeit zur Folge hatte. Demnach wurde der Arbeitsbegriff insoweit ausgedehnt, als dass Hausarbeit, Schwangerschaft,

Liebe und auch Sexualität unter diesen Arbeitsbegriff zu fassen sind. In dieser Hinsicht wurde auch Prostitution als reguläre Arbeit von Frauen verstanden (vgl. Schmackpfeffer 1989: 111).

5.1.1 Prostitution und Frauenunterdrückung

Die Frage, an welcher Stelle Prostitution mit ihrer Funktion und Möglichkeiten in ungleichen Geschlechterverhältnissen zu verorten ist, ist im liberal-feministischen Lager umstritten.

Einerseits wird Prostitution als ein Tauschgeschäft zwischen zwei grundlegend gleichgestellten Parteien gesehen (vgl. Kortendiek et al. 2019: 848). Es handele sich dabei um

> „eine Form von Körperarbeit [...] wobei Parallelen zu anderen (körperbezogenen) Dienstleistungen gezogen werden, wie der Massage oder der Physiotherapie"
> (Kortendiek et al. 2019: 848).

Andererseits wird von Teilen des liberalen Lagers analysiert, dass in und durch Prostitution in ihrer gegenwärtigen Form „Herrschaftsverhältnisse reproduziert würden, deren Merkmal eine ständige männliche Verfügbarkeit über Frauen sei" (Bastian/Billerbeck 2010: 31). Daraus folgt jedoch nicht, dass Prostitution inhärent weiblicher Emanzipation entgegenstehe, sondern dass sie sich als „Ausdruck sexuellen Andersseins oder natürlicher Bedürfnisse" (Grenz 2007: 15) äußern würde. Weiterhin wird der Prostitution bei Teilen der liberalen Fraktion eine Rolle der „Schadensbegrenzung mittels der Befriedigung männlicher sexueller Bedürfnisse" (Bastian/ Billerbeck 2010: 31) zugesprochen. Im Folgenden soll ein Zitat angeführt werden, das die Praxis dieser Betrachtungsweise verdeutlichen soll:

> „Nach dem Tod ihres Vaters erfährt Queen, dass er ihre Mutter einige Male um Oralsex gebeten hatte, was sie ihm verwehrte. Diese 'sex-negative' Einstellung ihrer Mutter führt Queen zu folgender Äußerung:
> More than once I've wished that my distressingly buttoned-down dad - whose sexual unhappiness rubbed off on everyone in my family - had turned to a whore to let of steam.
> Für Queens Vater, der exemplarisch für alle steht, wäre die Prostitution ihrer Ansicht nach eine Befreiung gewesen, da dort auch sein spezielles Bedürfnis befriedigt worden wäre. Daraus folgt, dass Sexualität zwanghaft zu sein scheint und im Falle des Unbefriedigtseins zum Schaden für sich und andere werden kann. Prostitution ist demnach notwendig, um eben diese Schäden abzuwenden."[20]
> (Grenz 2007: 16)

---

[20] Wenngleich es der Autorin zweifelhaft erscheint, inwieweit individuelle häusliche Beispiele – wie das von Queen (1997:131) dargestellte – generalisiert werden können, wird es in dieser Arbeit angeführt, da auch Grenz (2007: 16) sich darauf

Demgegenüber stehen andere Teile der liberal-feministischen Fraktion, die die „emanzipatorischen Aspekte der Prostituiertenexistenz" (Schmack-pfeffer 1989: 112) betonen. Diese vertreten die Auffassung, dass im Grunde jede Frau sich insofern prostituiert, als dass sie ihre Sexualität gegen bestimmte Güter eintauscht, beispielsweise inner-halb einer Ehe. Der maßgebliche Unterschied liege dabei in der konkreten Form der Honorierung (vgl. Schmackpfeffer 1989: 112). Durch den offenen Tausch von Sexualität gegen Geld oder andere Güter verweigern Prostituierte sich der „traditio-nellen Frauenrolle" und „verschaffe[n] sich damit eine ökonomische Unabhängigkeit" (Schmack-pfeffer 1989: 112). Gleichzeitig würde dadurch die „Mystifikation von Hausarbeit/Sexualität aus Liebe" (Schmackpfeffer 1989: 112) überwunden und ein „Politisierungsprozeß" (ebd.) vorange-trieben. Daneben wird im liberal-feministischen Lager Prostitution auch als Ausdruck einer sexuellen Emanzipation gesehen:

> „Sex radicalism views prostitution as action against male exclusivity of sexual control or as an expression of sexual emancipation, exploration and empower-ment" (Sanders 2004: 39).

---

bezieht und es somit Eingang in die wissenschaftliche Debatte gefunden hat.

Diese Wirkung wird darauf zurückgeführt, dass die Geschlechterhierarchie, die Frauen als sexuell passiv sowie ihre Sexualität ausschließlich zum Zwecke der Fortpflanzung bezogen charakterisiert und Männer als sexuell aktiv markiert und ihrer Sexualität die Verknüpfung mit Lust zugesteht, in der Prostitution überwunden beziehungsweise zumindest infrage gestellt wird (vgl. Ruhne 2008: 2526).

Darüber hinaus wird das abolitionistische Spektrum dafür kritisiert, dass es den Fokus auf die Freier beziehungsweise die Nachfrage nach Prostitution und die damit zusammenhängende Unterdrückung von Frauen legt und demnach die Prostituierten einschließlich ihrer Anliegen unbeachtet lässt:

> „Aus der Sicht der Prostitutionsgegner_innen entsteht die Nachfrage nach diesen Opfern einzig und allein aus dem unstillbaren sexuellen Begehren der Männer. Die Bedürfnisse der Sexarbeiter_innen selbst nach Wohnraum, Krankenversicherung, einer Ausbildung, kurz: nach einem besseren, weniger armen Leben spielen aus dieser Perspektive keine Rolle." (Grant 2014: 76)

In diesem Zusammenhang wird Prostituierten eine potenziell avantgardistische Rolle unter anderem in gesellschaftspolitischen Kämpfen bezüglich der Situation von Frauen zugeschrieben (vgl. Schmackpfeffer 1989: 113).

Zugleich „aktualisiere [die Prostituierte] zwar permanent ihre Objektrolle als Frau, repräsentiere aber einen Rest weiblicher Macht" (Schmackpfeffer 1989: 113). Die benannte Machtstellung wird vorrangig durch die Gegenleistung, die die Prostituierte erhält, abgeleitet und durch die Bildung eigener „Freiräume" (Schmackpfeffer 1989: 113) gefestigt. Diese sind gleichermaßen als ein Ausdruck von Selbstermächtigung zu sehen wie auch der Stigmatisierung und Exklusion von Prostituierten (vgl. Schmackpfeffer 1989: 113).

5.1.2 Stigmatisierung

> „Wir sollten uns eigentlich weigern, diese Debatte [um Prostitution] überhaupt zu führen. Weder Sexarbeit an sich noch das Leben einzelner Sexarbeiter_innen sollte in irgendeiner Form zur Debatte stehen. Ich kann mir eigentlich nicht vorstellen, dass diejenigen, die die diese Debatten vorantreiben, sich wirklich im Klaren darüber sind, dass sie dabei Werturteile über die Menschen abgeben, die Sexarbeit ausüben." (Grant 2014: 68)

Büschi (2011: 57) liefert nach Goffman eine Definition von Stigmatisierung als „Prozess gesellschaftlicher Herabminderung, der eine diskreditierende Wirkung nach sich zieht und auf der Basis sogenannter Stigmata erfolgt".

Diese Herabminderung treffe im Bereich der Prostitution alle Beteiligten der Sexindustrie und sei demnach nicht auf Prostituierte zu begrenzen, sondern schließe beispielsweise auch die Betreiber von Bordellen mit ein (vgl. Büschi 2011: 57). Die Stigmatisierung der Sexindustrie und der in ihr tätigen Parteien gründet sich auf ein Diversa von Stereotypen, die sich auf eine Abwertung außerehelicher Sexualität stützt, sowie von Sexualität, die nicht der Fortpflanzung dient. Daneben bildet auch die Definition von Prostitution als Gewaltproblematik eine Form der Stigmatisierung aus (vgl. Büschi 2011: 57). Prostituierte werden demnach „auf ihre Rolle als Gewaltopfer reduziert" (Büschi 2011: 57), was „eine Viktimisierung nach sich [zieht], die ebenfalls stigmatisierend wirkt" (ebd.). Ihnen wird somit ihre autonome Handlungsfähigkeit abgesprochen, genauso wie ihre Motive und Anliegen (vgl. Bastian/Billerbeck 2010: 45). Weiterhin werden sie durch „die Zuweisung eines Opferstatus entmündigt" (Bastian/Billerbeck 2010: 281). Demzufolge wird im Rahmen der liberal-feministischen Position auch die abolitionistische Haltung kritisiert und der Viktimisierung von Prostituierten bezichtigt: „the abolitionist perspective [...] concentrates on the suffering and victimization of women" (Sanders 2004: 38).

Neben einer Zunahme des Stigmas kann – laut dem liberal-feministischen Spektrum – auch die Intensivierung von Erfahrungen von Gewalt die Folge des abolitionistischen Aktivismus sein (vgl. Hill/Bibbert 2019: 36).

Darüber hinaus basiert die Stigmatisierung der Sexindustrie und der Sonderstellung von Prostituierten der liberal-feministischen Perspektive zufolge darauf, dass „Sexarbeit den gesellschaftlichen Normierungen von Sexualität, Monogamie und romantischer Liebe widerspricht" (Bastian/Billerbeck 2010: 45).

Die Stigmatisierung von Prostitution ist sowohl als eine (Rück-)Wirkung auf sozial-politische und gesellschaftliche Irritationen zu betrachten, als auch als ein verstärkendes Element einer als „normal" markierten (binären) Geschlechterordnung (vgl. Ruhne 2008: 2528f.).

> „Ein alleiniger Blick auf die männliche Macht in der Sexualität, so der Einwand, würde sowohl dazu beitragen, nicht-heterosexuelle Sexualitäten und deren spezifische gesellschaftliche Diskriminierung zu verunsichtbaren, als auch generell einen positiven Bezug auf Sexualität zu erschweren." (Grubner/Ott 2014: 147)

Folglich hält das liberal-feministische Lager die Fokussierung auf geschlechtliche Machtdispositionen und -ungleichheiten (bezüglich Sexualität) einerseits für heteronormativ, da in dieser Zusammensetzung ausschließlich heterosexuelle Beziehungen einen Diskussionsgegenstand darstellen und diesbezügliche Abweichungen von Sexualitätsnormen und deren Diskriminierung keinen Bestandteil der Debatte abbilden. Zum anderen soll laut der liberal-feministischen Gesinnung – statt des vorrangigen Übens an Kritik männlicher Herrschaft in Bezug auf Sexualität – das Tabu um weibliche Lust (und Sexualität) gebrochen und ihre Normierung wie insbesondere davon abzuleitende deviante Konstruktionen abgewendet werden (vgl. Grubner/Ott 2014: 147). Dieser Perspektive zufolge ist Prostitution „in die als stigmatisiert und abweichend definierten Formen von Sexualität" (Grubner/Ott 2014: 147) einzuordnen, was Prostituierte „zur sexuellen Minderheit" (ebd.) macht.

Infolgedessen entstammt die Stigmatisierung von Prostituierten dem liberal-feministischen Lager nach heteronormativen Konstruktionen, sowie der Sonderstellung von Prostitution als deviantes beziehungsweise sexuell abweichendes Verhalten.

5.1.3 Zielvorstellungen des liberalen Feminismus bezüglich Prostitution

Es lässt sich sagen, dass der liberale Feminismus in Bezug auf Prostitution die Annahme trifft, dass eine Forschung, die Prostitution hauptsächlich als Gewaltproblematik oder als Ausdruck patriarchaler Machtverhältnisse kategorisiert, unzureichend ist (vgl. Grubner/Ott 2014: 156). Obgleich „Geschlechter-ungleichheit [sic!] und Heteronormativität [...] weiterhin als wichtige und zentrale Dimensionen zu betrachten [sind]" (Grubner/Ott 2014: 156), kann sich darauf nicht beschränkt werden. So sollen ebenso Dimensionen erforscht werden, die Prostitution als eine deviante beziehungsweise von der Norm abweichende Sexualität klassifizieren oder auch eine Hierarchisierung von Sexualität vollziehen durch eine Entgegensetzung von privater, gefühlvoller Sexualität auf der einen und öffentlicher, kommerzieller Sexualität auf der anderen Seite (vgl. Grubner/Ott 2014: 156).

Zudem tritt der liberale Feminismus für eine Haltung ein, nach der Sexarbeit eine legitime Erwerbsarbeit darstellt, um auf dieser Grundlage „gängige Stereotype zu hinterfragen und zu dekonstruieren" (Büschi 2011: 57).

Die seit Oktober 2000 bestehende Gesetzgebung in den Niederlanden folgt dieser Haltung, was diskursiv in einer konsequenten Differenzierung von Sexarbeit und kriminellen Tätigkeiten Ausdruck findet (vgl. Büschi 2011: 57ff.). Freilich werden kriminelle Tätigkeiten wie

> „[s]exuelle Ausbeutung Jugendlicher,
> Menschen- bzw. Frauenhandel [...] oft in
> Verbindung mit Sexarbeit genannt [...]

[sind] jedoch kein intrinsischer Teil davon" (Büschi 2011: 58).

Die Folgen dieser Haltung und rechtlichen Handhabung sind eine „Entkriminalisierung der Sexarbeit und der Möglichkeit, sie legal zu regulieren" (Büschi 2011: 58).

Im Folgenden werden die Gründe für das Anstreben des Modells in den Niederlanden aus liberal-feministischer Perspektive dargelegt. Generell führt demzufolge die

> „mit der Entstigmatisierung, Entkriminalisierung der Annahme von Sexarbeit als legitimer Arbeit einhergehende Normalisierung [...] einerseits zu einem erhöhten Schutz der Sexarbeiterinnen und bildet andererseits die Voraussetzung für die Integration auch dieser Gruppe von Arbeiterinnen in die Gesellschaft" (Büschi 2011: 58).

Somit wird davon ausgegangen, dass eine Normalisierung von Prostitution den Prostituierten neben einer gesteigerten (Arbeits-)Sicherheit die Möglichkeit eröffnet, ihre Arbeit als sinnstiftend und gesellschaftlich notwendig beziehungsweise bedeutsam zu erachten (vgl. Büschi 2011: 58). Diesbezüglich sind fünf hauptsächliche Narrative unter Prostituierten festzustellen:[21]

---

[21] Büschi (2011: 58) greift auf vier von Sanders herausgearbeitete Narrative zurück. In dem Werk von Sanders

„First, forty-nine of the fifty-five respondents recognized their role as counsellors for men's emotional problems. […] Second, women explained how their job expands into health education, disease prevention and as therapists for sexual dysfunction. […] Third, some women argue that they provide a valuable service for men with disabilities. […] Fourth, the majority of respondents describe how their profession offers an alternative to adultery and enables matrimonial relations to continue […] Fifth, and most problematic, some respondents believe that the ability to buy sex reduces violent crime against women and children." (Sanders 2004: 153ff.)

Aus den oben ausgeführten Narrativen lässt sich schließen, dass aus liberal-feministischer Perspektive eine Normalisierung von Prostitution die prostituierten Frauen in ihrer Identifikation mit ihrer Tätigkeit stärkt und dadurch die Anerkennung für selbige gesichert wird, Prostitution als eine gesellschaftlich bedeutsame Aufgabe zu begreifen. Aus diesem Grund sieht Büschi (2011: 58) die bestehende Aufgabe unter anderem darin, „bei der Etablierung der öffentlichen Meinung

---

(2004: 153ff.), das in der vorliegenden Arbeit zitiert wird, wird noch ein fünftes Narrativ aufgeführt, das ebenfalls zu berücksichtigen ist. Büschi hat, als Apologetin der Prostitution, das fünfte – besonders frauenfeindliche – Narrativ aus ihrer Aufzählung rausgelassen.

mitzuwirken" nach derer Prostitution „als kommerzielle Sexualität, als anerkannte sexuelle Dienstleistung und damit als selbstbestimmte Arbeit" verstanden wird.

In diesem Zusammenhang muss betont werden, dass aus dem liberal-feministischen Lager eine „Professionalisierung von Sexarbeit durch deren Definition als Beruf" (Büschi 2011: 55) gefordert wird. Die Folge davon bestehe sodann in einer „Verbesserung der Arbeitssituation" (Brückner/ Oppenheimer 2006: 331, zitiert nach Büschi 2011: 55). Jedoch muss des Weiteren darauf verwiesen werden, dass die Definition von Prostitution als einen herkömmlichen Beruf die „Konstruktion einer Art Doppelrealität" (Brückner/Oppenheimer 2006: 331, zitiert nach Büschi 2011: 55) impliziert. Prostituierte würden so einerseits als souveräne und autonom handelnde Subjekte erachtet, die eine gleichberechtigte Geschäftsbeziehung zu Freiern eingehen (vgl. Büschi 2011: 55). Doch müssten andererseits körperliche und mentale Gefahren für die Frauen sowie die „Zwänge und Aggressivität des Milieus und die Gewalttätigkeit eines Teils der Freier" (Brückner/Oppenheimer 2006: 331, zitiert nach Büschi 2011: 55) mit einbezogen werden.

Inwieweit sich die oben ausgeführten Forderungen nach einer Entproblematisierung, Normalisierung und Etablierung von Prostitution als Beruf auf gesellschaftspolitischer Ebene sowie in konkreten rechtlichen Handlungsanweisungen ausdrücken, wird im Folgenden beispielhaft anhand von Positionen und Forderungen des „Berufsverbandes erotische und sexuelle Dienstleistungen"[22] (BesD) dargestellt.[23]

Bevor jedoch auf die konkreten politischen Forderungen eingegangen werden kann, soll auf die Stellungnahme der Kampagne „Sexarbeit gleichstellen" verwiesen werden, die vom BesD unterstützt wird[24] (vgl. Bundesverband sexuelle

---

[22] Der Berufsverband erotische und sexuelle Dienstleistungen ist ein eingetragener Verein, der sich im Jahr 2013 gegründet hat, um unter anderem gegen die Novellierung des Prostitutionsgesetzes Stellung zu beziehen. Mitglied des Vereins können ausschließlich aktive und ehemalige „Sexarbeitende" beziehungsweise „Sexworker" werden, die die Bestrebungen des Vereins befürworten (vgl. Berufsverband Sexarbeit e.V. 2021a). Des Weiteren wird darauf verwiesen, dass „Mitglieder, die eine Prostitutionsstätte betreiben, […] ausnahmslos selbst als Sexarbeiter*in aktiv [sind oder waren]" (Berufsverband Sexarbeit e.V. 2021a).

[23] Es soll an dieser Stelle darauf hingewiesen werden, dass der BesD sich Kritik aus den eigenen Reihen erwehren muss, nicht konstruktiv auf Kritik zu reagieren, behindertenfeindliche Diskriminierung, transfeindliche Äußerungen und Rassismus zu tolerieren und eine Offenheit gegenüber rechten Bewegungen zu zeigen (vgl. Schmacht 2021). Die Zustände innerhalb des BesD sollen hier nicht gewertet werden, jedoch scheint es der Autorin unabdinglich darauf hinzuweisen, dass der BesD solcher Art von Kritik ausgesetzt ist – auch aus den eigenen Reihen und damit dem liberal-feministischen Lager – und dies in Debatten um diesen Verband angemerkt werden muss.

[24] Neben dem BesD wird die Kampagne von verschiedenen sozialen Einrichtungen und Beratungsstellen für Prostituierte unterstützt, unter anderem von „ragazza!" in Hamburg und dem Bündnis der „Fachberatungsstellen für Sexarbeiterinnen und Sexarbeiter" (bufas), genauso wie von der „Deutschen Aidshilfe" (vgl. Bundesverband sexuelle Dienstleistungen e.V. 2022).

Dienstleistungen e.V. 2022). Denn diese konkretisiert zum einen, in welchem Gegensatz sich das liberal-feministische Spektrum zum abolitionistischen Spektrum sieht und wie sich das in ihren Forderungen und Stellungnahmen ausdrückt und zum anderen wird anschaulich dargestellt, wie sich die verschiedenen Haltungen in der aktuellen Diskussion um Prostitution auswirken (vgl. Bundesverband sexuelle Dienstleistungen e.V. 2022). Daran anschließend sollen die Forderungen des BesD vorgestellt werden, die sich nicht in ihrer Abgrenzung zum Abolitionismus auszeichnen.

> „Auch die Gegner*innen der Prostitution nutzen die derzeitige Situation. Sie werden lauter, beleidigen und diffamieren Sexarbeiter*innen, Kund*innen und Bordellbetreiber*innen. Sie sprechen ausschließlich von „Tätern" oder „Opfern" und fordern opportunistisch die unbeschränkte Schließung der Bordelle sowie die Einführung eines generellen Sexkaufverbots in Deutschland. Das hat System: Es geht den Prostitutionsgegner*innen nicht um den Respekt vor den Menschen in der Sexarbeit oder deren Rechte. Es geht ihnen um ihre Vorstellung von Moral und ihr Bild einer konservativen, bürgerlichen Gesellschaft einhergehend mit der Beschneidung von Menschen- und insbesondere Frauenrechten, die die freie Entscheidung über den eigenen Körper und besonders über die eigene Sexualität garantieren. […] Prostitutionsgegner*-innen argumentieren aus

der moralischen Ecke heraus, ohne mit Sexarbeiter*innen zu sprechen und diese in ihren Forderungen zu unterstützen. Sie lassen sich ausschließlich von der Not, der Ausbeutung und der Gewalt leiten, die einzelnen Sexarbeiter*innen begegnen." (Bundesverband sexuelle Dienstleistungen e.V. 2022)

Zunächst ist die Forderung des BesD nach einer Entkriminalisierung zu nennen, die

> „die vollständige Abschaffung aller Gesetze, die Sexarbeiter*innen kriminalisieren oder auf andere Weise zur Ungleichbehandlung mit anderen Branchen führen" (Berufsverband Sexarbeit e.V. 2021b)

umfasst. Darüber hinaus wird eine Aufhebung jeglicher Gesetze gefordert, die das Prostitutionsgewerbe regulieren oder spezifisch Prostituierte beschränken, genauso wie andere Beteiligte im Gewerbe (wie Freier beziehungsweise Kunden, Webseiten- oder Bordellbetreiber). Der BesD sieht in der vollumfänglichen Entkriminalisierung von Prostitution eine notwendige Grundlage für eine legale Anerkennung. Diese ist als eine weitere hervorgehobene Forderung des BesD anzuführen (vgl. Berufsverband Sexarbeit e.V. 2021b). Die legale Anerkennung von Prostitution besteht darin,

„dass sämtliche Aspekte der Sexarbeit als einvernehmlicher Tausch von Geld oder anderen materiellen Gütern gegen erotische und sexuelle Dienstleistungen anerkannt werden" (Berufsverband Sexarbeit e. V. 2021b).

Damit geht eine „Anerkennung von Sexarbeit als legitime Erwerbstätigkeit" (Berufsverband Sexarbeit e. V. 2021b) einher. In diesem Zusammenhang wird die legale Anerkennung deutlich, welche sich von einer Legalisierung sowie von einer Entkriminalisierung von Prostitution abgegrenzt, da im Falle einer Legalisierung eine „Schaffung neuer Gesetze und Vorschriften, um Sexarbeit staatlich zu regulieren und zu kontrollieren" (Berufsverband Sexarbeit e. V. 2021b) vollzogen wird. Dafür werden als Beispiele „Erlaubnispflicht, Kondompflicht, Hurenausweis" (Berufsverband Sexarbeit e. V. 2021b) aufgeführt.

Demzufolge lässt sich zusammenfassend feststellen, dass der BesD eine Legalisierung und die inkludierende Handhabung, regulierender und restriktiver Maßnahmen durch den Staat ablehnt, sowie jegliche Sondergesetze für das Prostitutionsgewerbe als diskriminierend zurückweist und einer Legalisierung das oben ausgeführte Konzept der legalen Anerkennung von Prostitution als Beruf gegenüberstellt (vgl. Berufsverband Sexarbeit e. V. 2021b).

In Bezug auf das Prostituiertenschutzgesetz fordert der BesD ebenfalls eine Abschaffung, da die dem Sondergesetz festgelegten Regulierungen als „schädliche [...] Prostitutionseindämmungsmaßnahmen" (Berufsverband Sexarbeit e.V. 2020b) betrachtet werden. Ebenfalls wird die eingeführte Kondompflicht als eine stigmatisierende Bestimmung erachtet, die ausschließlich durch einen erheblichen Eingriff in die Intimsphäre kontrolliert werden kann (vgl. Laloire 2019; vgl. Berufsverband Sexarbeit e.V. 2020b).

Zusammenfassend kann gesagt werden, dass der BesD die Zielvorstellungen des liberalen Feminismus nach einer Normalisierung und Etablierung von Prostitution als Beruf in konkrete Handlungsanweisungen an die Politik überträgt, die hauptsächlich darin bestehen, die Restriktionen des Gewerbes aufzuheben, mit dem Bestreben die Stigmatisierung aller Parteien im Prostitutionsgewerbe zu überwinden.

5.2 Theoretische Unterfütterung einer abolitionistischen Haltung

Im Folgenden wird die abolitionistische Position in Bezug auf Prostitution dargestellt. Der Begriff des Abolitionismus wird vor allem im französisch- und englischsprachigen Raum von feministischen Akteuren und Akteurinnen genutzt, die auf die Abschaffung der Prostitution abzielen. Der

Ursprung des Begriffs liegt im 19. Jahrhundert und beschrieb eine gesellschaftliche Bewegung, die die Abschaffung der Sklaverei forderte (vgl. Ekman 2014: 32). Der Begriff ist ebenfalls mit dem englischen Wort „abolish" in Verbindung zu bringen, das mit „abschaffen" übersetzt werden kann (vgl. Schmackpfeffer 1989: 26). Die historischen Wurzeln des Abolitionismus bezüglich Prostitution lassen sich auf eine Bewegung aus den 1870er Jahren in England zurückführen, deren Schirmherrin Josephine Butler war. Diese setzte sich gegen die Reglementierung von Prostitution ein, ebenso wie für die allgemeine Befreiung der Frau und mündete in der von Butler gegründeten „Internationalen Abolitionistischen Föderation" (IAF) (vgl. Schmackpfeffer 1989: 25ff.).

5.2.1 Prostitution und Frauenunterdrückung

Die abolitionistische Bewegung kann als dezidiert feministische Bewegung eingeordnet werden, da sie die Befreiung der Frau und die Gleichheit der Geschlechter anstrebt. Die Existenz von Prostitution sei laut Butler nicht mit diesem Ziel zu vereinen und stelle ein Resultat aus der Unterwerfung des weiblichen Geschlechts dar. Dies ist ein Grund dafür, dass die Prostitution alle Frauen betrifft, einschließlich jener, die nicht im Prostitutionsgewerbe wirken (vgl. Schmackpfeffer 1989: 27ff.). Butler trat für die individuelle Freiheit der Frau ein, genauso wie für die Zerschlagung der

„sexistische[n] Doppelmoral" (Schmackpfeffer 1989: 29). Der Terminus der Doppelmoral in Bezug auf den Prostitutionskomplex bezeichnet einerseits das rechtsstaatliche Vorgehen, Prostituierte Zwangsuntersuchungen zu unterziehen, um Männer beziehungsweise Freier vor (Geschlechts-)Krankheiten zu schützen, während letztgenannte weder eine vergleichbare juristische Behandlung erfahren, noch als Risikofaktor für den bevölkerungspolitischen Gesundheitsschutz angesehen werden. Auf der anderen Seite findet diese unterschiedliche rechtliche Praxis seinen Ausdruck auch in einer moralischen Ungleichbehandlung, die sich hauptsächlich zum Nachteil der Frauen auswirkt (vgl. Wolff 2018).[25] Demnach wird betont, dass — obwohl die Prostitution als Institution missbilligt wird — eine Verurteilung von Frauen in der Prostitution ausdrücklich abzulehnen ist (vgl. Pateman 1999: 62).

Grenz (2007: 15) fasst das Verhältnis von Prostitution und Frauenunterdrückung in Verbindung mit der sexuellen Doppelmoral im Sinne einer abolitionistischen Perspektive so zusammen,

> „dass Prostitution ein Resultat und Abbild
> der rechtlichen, ökonomischen und sozia-
> len Ungerechtigkeiten zwischen Männern

---

[25] In Bezug auf die sexuelle Doppelmoral schreibt Wolff (2018): „Das Schlagwort der deutschen Abolitionistischen Föderation lautete deswegen auch: ‚Es gibt nur eine Moral, sie ist die gleiche für beide Geschlechter'".

und Frauen sowie der sexuellen Doppelmoral ist, die den Männern mehr Freiheiten zugestehen".

Ferner wird in der abolitionistischen Bewegung – im Gegensatz zur liberal-feministischen Bewegung – die Ausübung der Prostitution nicht als Reproduktionsarbeit betrachtet. Diese Kategorisierung wird damit begründet, dass Reproduktionsarbeit gesellschaftlich notwendige Arbeit darstellt, die hauptsächlich von Frauen geleistet wird, jedoch auch von Männern ausgeübt werden kann, auch wenn dies in der Praxis seltener anzutreffen ist. Als Beispiele für gesellschaftlich notwendige Arbeiten im Sinne von Reproduktion werden Essenszubereitung sowie die Versorgung und Erziehung von Kindern angeführt. Gleichzeitig birgt die Einordnung von Prostitution als Reproduktionsarbeit die Gefahr der Normalisierung eines männlichen, sexuellen Zugriffs auf weibliche Körper als gewöhnliche häusliche Tätigkeit, die unabhängig von Bedürfnissen der Frauen zu vollziehen ist (vgl. Jeffreys 2014: 27ff.).

Der Abolitionismus geht davon aus, dass Prostitution ein „gesellschaftlich konstruiertes Konzept" (Jeffreys 2014: 27) darstellt. Die einzige Notwendigkeit, die der Prostitution demzufolge zugrunde liegt, besteht darin, die männliche Herrschaft zu festigen sowie im Umkehrschluss die unterdrückte Position der Frau in der Geschlechterordnung aufrechtzuerhalten (vgl. Angelina et al.

2018: 69f.). Zudem wird die Prostitution nicht bloß als Ausdruck von Frauenunterdrückung analysiert, sondern zugleich als eine tragende Säule der Frauenunterdrückung und einem Instrumentarium von Männern diskutiert, um ihre Vorherrschaft über Frauen zu garantieren (vgl. Schmackpfeffer 1989: 141). Dabei wird Prostitution als „ein individuelles und kollektives Muster" (Angelina et al. 2018: 59) markiert. Daran anschließend soll auf Grenz (2007: 76) verwiesen werden, die davon ausgeht, dass

> „Herrschaftsverhältnisse, Privilegien [und] Macht [...] Aspekte des menschlichen Lebens [sind], die immer wieder erneut hergestellt werden. Dabei folgen wir bestimmten Ritualen und Verfahrensweisen".

Entsprechend wird die Konstruktion von Männlichkeit fortlaufend durch kollektive Muster, Rituale und Verhaltensweisen reproduziert (vgl. Angelina et al. 2018: 63). Dabei kann exemplarisch auf die Inanspruchnahme von Prostitution als Einsetzungsritus verwiesen werden, der die Transformation von einem Jungen zum Mann anzeigt (vgl. Angelina et al. 2018: 63). Gleichzeitig geht es dabei auch um eine Differenzierung von Männern und Frauen und eine Validierung der eigenen Männlichkeit, die durch die Exklusion von (nichtprostitutierten) Frauen eintritt (vgl. Angelina et al. 2018: 64f.).[26] Dabei wird davon ausgegangen, dass das männliche Kollektiv durch den Zugriff auf weibliche Körper insgesamt profitiert, unabhängig davon, ob ein individueller Mann Prostitution in Anspruch nimmt oder nicht (vgl. Vatter et al. 2020: 66).

Zudem legt der Abolitionismus die These zugrunde, dass es sich bei Prostitution um eine spezifische männliche Gewalt gegenüber Frauen handelt, was an dem folgenden Zitat verdeutlicht werden soll:

> „Seeing prostitution as a form of male sexual violence enables researches to hear and take seriously what prostituted women say about the damage they suffer, and throws light on what the consequences may be. It brings the john into view as the perpetrator, instead of just a man acting naturally. It demonstrated the serious obstacle posed by the sex industry to the success of feminist aims to eliminate violence against women. The sex industry, by encouraging men to pay for inflicting this violence, teaches that it is acceptable to treat women as sex objects, as nonpersons, unworthy of common respect. Defining prostitution as sexual violence offers a promising new approach which

---

[26] Als ein prominentes Beispiel dieser räumlichen Abtrennung männlicher Welten, aus denen (nichtprostituierte) Frauen ausgeschlossen sind, kann die Herbertstraße in Hamburg angeführt werden, an der ein Hinweisschild zu finden ist, das Frauen den Zutritt untersagt, obgleich es keine rechtliche Grundlage dafür gibt (vgl. Angelina et al. 2018: 64).

can be used to campaign against global prostitution." (Jeffreys 2008: 274)

Zugleich stehen aus abolitionistischer Perspektive Prostitution, Frauenunterdrückung und ihre gesellschaftlichen Auswirkungen wie beispielsweise Gewalt gegen Frauen aber auch verinnerlichte Frauenbilder in einem Wechselverhältnis zueinander. Entsprechend empfinden Freier tendenziell weniger Empathie für Frauen in der Prostitution. Sie haben tendenziell häufiger eine misogyne Haltung gegenüber allen Frauen inne. Sie geben sowohl eine höhere Wahrscheinlichkeit an Vergewaltigungen zu, genauso wie eine umfangreichere persönliche Geschichte von tatsächlicher sexueller Aggression – im Vergleich mit Männern, die keine Freier sind (vgl. Farley et al. 2015: 3605ff.).[27]

Demzufolge betonen abolitionistische Akteurinnen, „dass Prostitution einen Lerneffekt auf Männer ausübt" (Mau 2016), beziehungsweise eine Normalisierung von Gewalt an Frauen vorantreibt

---

[27] Gleichzeitig ist bei Freiern eine Ambivalenz in Bezug auf (die Inanspruchnahme von) Prostitution zu beobachten. So geben in einer Studie 71% der befragten Freier an, ein gewisses Maß an Schuld, Scham und negativen Gefühlen bezüglich des Bezahlens für sexuelle Handlungen zu verspüren (vgl. Farley et al. 2009: 23). Überdies beschreiben 41% der befragten Freier ihre eigenen Gefühle nach der Inanspruchnahme von Prostitution mit negativen Worten, darunter beispielsweise „regretful and remorseful", „angry at myself" und „lonely – still" (vgl. Farley et al. 2009: 18f.).

und die Hemmschwelle, gewalttätig gegenüber Frauen zu handeln, senkt.[28]/[29]

Abschließend kann gesagt werden, dass aus abolitionistischer Perspektive Prostitution und Frauenunterdrückung inhärent miteinander verknüpft sind und eine Abschaffung von beidem sich gegenseitig bedingt, was im folgenden Zitat zusammengefasst werden soll:

---

[28] So gibt es wissenschaftliche Akteure und Akteurinnen, die einen positiven Zusammenhang zwischen der legalisierten Prostitution im US-Bundesstaat Nevada und den Vergewaltigungsraten gibt, die über dem Durchschnitt der USA liegen (vgl. Farley et al. 2011: 379). An dieser Stelle soll keine Vermutung angestellt werden, da dafür noch weitere Forschung notwendig wäre, jedoch muss darauf hingewiesen werden, dass diese Hypothesen über kausale Zusammenhänge Teil der wissenschaftlichen Debatte um Prostitution, ihre Legalisierung, Normalisierung und Auswirkungen auf Männer, genauso wie auf die gesamte Gesellschaft sind.

[29] An dieser Stelle wird auf die Expertise von Huschke Mau zurückgegriffen, einer ehemaligen Prostituierten, abolitionistischen Aktivistin in Deutschland und (Mit-)Gründerin des Netzwerk Ella (vgl. Vatter et al. 2020: 217). Maus Blog stellt keine klassische wissenschaftliche Literatur dar, wird in der vorliegenden Arbeit jedoch zitiert, um eine ausreichende theoretische Unterfütterung der abolitionistischen Haltung abzubilden. Da die liberal-feministische Perspektive auf Prostitution in der wissenschaftlichen Debatte dominierend ist und abolitionistische Akteure und Akteurinnen vergleichsweise wenig Einfluss haben, wird auch nicht ausschließlich wissenschaftliche Literatur wiedergegeben. Ein Begründungsansatz dafür könnte laut Jeffreys (2014: 25) sein, dass „sie [abolitionistische Akteure und Akteurinnen] schlecht in die Politik und Praxis der neo-liberalen [sic] Wirtschaft passten".

„Prostitution steht nicht außerhalb dieser Gesellschaft, sie wird von ihr hervorgebracht und auch benötigt, um das traditionelle Rollenbild immer und immer wieder zu zementieren." (Mau 2016, zitiert nach Angelina et al. 2018: 70)

5.2.2 Rolle von ökonomischen Faktoren

„Ich glaube, man darf unter den Gründen, durch die Frauen zur Prostitution getrieben werden, den ökonomischen Faktor nicht übersehen. […] Alle sind wegen des Geldes Prostituierte geworden. […] So gesehen ist die Prostitution eine Art von Laissez-faire-Kapitalismus."

(Millett 1983: 73f.)

Im Folgenden werden summarisch grundlegende ökonomische Aspekte der Prostitution skizziert. Dabei soll neben der Rolle von ökonomischen Faktoren aus abolitionistischer Perspektive auch die Rolle von Prostitutionsverbänden beleuchtet werden, die sich im Spannungsfeld von gewerkschaftlicher Organisierung und Lobbyarbeit bewegen und damit ebenso einen politisch-ökonomischen Faktor in- und außerhalb des Prostitutionsgewerbes darstellen.

Das oben angeführte Zitat verdeutlicht, weshalb es aus abolitionistischer Perspektive relevant ist, Prostitution ebenfalls anhand von ökonomischen Gesichtspunkten zu betrachten. Finanzielle

Faktoren sind für den Einstieg in die Prostitution von großer Bedeutung (vgl. Millett 1983: 73), denn laut Jeffreys (2014: 11) sind „[w]irtschaftliche Zwänge [...] das wichtigste Machtmittel, um sexuellen Zugang zu Frauen und Mädchen zu erhalten". Ein weiterer wichtiger Aspekt ist, dass es sich beim Prostitutionsgewerbe „um ein[en] kapitalistische[n] Markt, der einer Profitlogik folgt" (Angelina et al. 2018: 69), handelt. Wie bereits in Kapitel 4.3 erwähnt, beläuft sich der Umsatz des Prostitutionsgewerbes laut Schätzungen von ver.di in Deutschland auf 14,5 Milliarden Euro jährlich (vgl. Generaldirektion Interne Politikbereiche der Union 2014: 25; DER SPIEGEL 2013). Aufgrund der Notwendigkeit von Expansion und der inhärenten, nach Marktmechanismen organisierten Form des Prostitutionsgewerbes, kann Prostitution aus abolitionistischer Perspektive nicht auf einen individuellen Tausch zwischen zwei gleichberechtigten, individuell-autonom handelnden Parteien reduziert werden, sondern realisiert sich in einer sozioökonomischen Sphäre, die gleichzeitig Ausdruck sowie Teil gesellschaftlicher und politischer Verhältnisse ist (vgl. Vatter et al. 2020: 53).

In diesem Zusammenhang wird auch die liberal-feministische Perspektive dafür kritisiert, die genannten übergeordneten Verhältnisse außer Acht zu lassen, was als Folge der Vorherrschaft neoliberaler Ideologie analysiert wird, die auf die gesellschaftliche Linke wirkt:

„It unifies an old, gender-role-preserving practice with rebellious discourse. It becomes a symbiosis of the neoliberal Right and the postmodern Left. The neoliberal Right uses language that explains prostitution as a free choice on the free market. The postmodern Left, which loves language games and shuns political action, has an excuse not to fight the sex industry by claiming to listen to the voices of marginalized people. Both the neoliberals and the postmodernists relish the possibility of calling prostitution 'revolutionary'. The postmodern Left is, as Terry Eagleton (1996) writes, a reaction to the neoliberal hegemony. After the fall of communism, when global capitalism completed its hegemony, parts of the Left reacted by masking their loss as a triumph. Eagleton says in this telling simile: "It is as though, having mislaid the breadknife, declares the loaf to be already sliced" (p. 9). Instead of pointing out injustices, parts of the Left simply redefined the status quo as subversive." (Ekman 2014: 81f.)

Abolitionistische Akteure und Akteurinnen[30] nehmen nach keynesianistischer Logik die Nachfrage nach Prostitution als den Markt bestimmendes Moment in den Fokus und setzen demnach (auch in politischen Kontexten) den

---

[30] An dieser Stelle wird exemplarisch auf eine Veröffentlichung von Manuela Schon, herausgegeben durch das Feministische Bündnis Heidelberg, zurückgegriffen. Schon ist eine abolitionistischen Aktivistin und Soziologin.

Käufer beziehungsweise den Freier in den Mittelpunkt ihrer Kritik (vgl. Vatter et al. 2020: 53ff.). Dies wird mit der Bedeutung der geschlechtsspezifischen Unterdrückung von Frauen begründet (vgl. Vatter et al. 2020: 66). Abermals geht der Abolitionismus aufgrund der spezifischen Frauenunterdrückung davon aus, dass der Prostitution nicht vorrangig mit Kapitalismuskritik begegnet werden kann oder damit,

> „die ökonomischen Ungleichheiten zu überwinden, denn die der Prostitution inhärente symbolische Gewalt wird dadurch nicht aufgelöst" (Vatter et al. 2020: 66).

An dieser Stelle soll gleichwohl auf einen weiteren gesellschaftlichen sowie (politisch-)-ökonomischen Faktor eingegangen werden: die Prostitutionsverbände[31]. Anders als in der Wirtschaft üblich, ist es im Prostitutionsgewerbe möglich, Arbeitgeber- und Arbeitnehmerseite in gemeinsamen Verbänden zu vereinen und als eine Gruppe mit deckungsgleichen Interessen zu präsentieren. So sind im „Berufsverband erotische und sexuelle Dienstleistungen" (BesD), der laut

---

[31] Die Quellenlage zu Prostitutions(lobby)verbänden ist äußerst gering. Aufgrund dessen wird im Folgenden zu dieser Thematik hauptsächlich auf journalistische Recherche beziehungsweise einen daraus entstandenen SPIEGEL-Artikel Bezug genommen, der den Untertitel trägt „Dubiose Verbände kämpfen gegen Regeln für die Sexbranche – gemeinsam mit Bordellbetreibern" (Müller 2015: 42).

eigenen Angaben eine dreistellige Mitgliederzahl[32] hat, auch Betreiberinnen und Betreiber von Bordellen Mitglieder. Dasselbe gilt für den „Bundesverband Sexuelle Dienstleistungen" (BSD), der im März 2015 insgesamt 45 Mitglieder zählt (vgl. Müller 2015: 42f.). Daneben ist auch der „Unternehmerverband Erotikgewerbe Deutschland" (UEGD) gesellschaftlich aktiv, dessen Verbandspräsident Holger Rettig im SPIEGEL ausführt: „Ich arbeite sehr gerne mit Johanna[33] und ihren Freundinnen zusammen" (Müller 2015: 42; vgl. UEGD e.V. – Unternehmerverband Erotikgewerbe Deutschland o. D.). Rettig ist laut eigenen Aussagen ebenfalls an der Gründung des BesD beteiligt gewesen (vgl. Müller 2015: 42). Die drei genannten Verbände setzen sich jeweils und teilweise auch in Zusammenarbeit für möglichst wenig Restriktionen im Prostitutionsgewerbe ein (vgl. Müller 2015: 42f.).

Die Abolitionistin Ekman (2014: 72) geht davon aus:

---

[32] https://www.berufsverband-sexarbeit.de/index.php/verband/ueberuns/ [abgerufen am 20.10.2022]

[33] Es ist davon auszugehen, dass Rettig von Johanna Weber spricht, Gründerin und Vorstandschefin des BesD, sowie Mitglied im Beirat der bufas e.V., einem Bündnis von Fachberatungsstellen für Sexarbeiterinnen und Sexarbeiter (vgl. Schmollack 2019; vgl. Fachberatungsstellen: Unterwerfung unter Regierungskurs schreitet immer schneller voran – Doña Carmen e.V. 2018).

„A great many things in this story are not what they seem to be. Trade unions aren't trade unions. Groups for prostituted women are simultaneously groups for brothel owners".

Dabei verweisen international abolitionistische Akteure und Akteurinnen auf das – mit der Situation von Prostitutionsverbänden in Deutschland vergleichbare – Beispiel von „The International Union of Sex Workers" (IUSW), deren aktivstes Mitglied Douglas Fox ist, Miteigentümer einer der größten Escort-Agenturen in Großbritannien[34] (vgl. Bindel 2017: 42f.; vgl. Ekman 2014: 62f.).

Weiterhin konstatiert Ekman, dass Prostitutionsverbände einen Anspruch auf die Vertretung von „Sexarbeiterinnen" und „Sexarbeitern" erheben und damit einen gewerkschaftlichen Charakter ihrer Organisation suggerieren, der Verhandlungen mit Arbeitgebern inkludieren würde. Der Zweck dieser Organisationen hingegen besteht – infolge von Ekmans (2014: 69f.) Untersuchungen – darin, die Einstellung zu fördern, dass Prostitution eine reguläre Arbeit darstellt. Dadurch verschiebe sich die gesellschaftliche Debatte um Prostitution von dem Fokus auf der Ungleichheit der Geschlechter hin zu

---

[34] Siehe für weitere Informationen zum Engagement und Wirken von Douglas Fox Kritische Perspektive: Die Prostitutions-Lügenlobby (2015); Amnesty von Sexindustrie-Lobby unterwandert (2015).

einer Diskussion über Gehälter, Arbeitsbedingungen oder Renten und erweist sich damit der sexarbeitsarbeitsbefürwortenden Auffassung bezüglich Prostitution als zweckdienlich.[35]

Schlussendlich lässt sich zum einen sagen, dass das abolitionistische Spektrum ökonomischen Faktoren eine Rolle bei der Betrachtung des Prostitutionsgewerbes einräumt, jedoch wesentlich bezüglich politisch-ökonomischer Vertretungen wie den Prostitutionsverbänden und ihrer gesellschaftlichen Rolle. Zum anderen ist abschließend zusammenzufassen, dass der Abolitionismus die Annahme trifft, dass der Prostitution nicht hauptsächlich mit der Beseitigung von ökonomischen Ungleichheiten begegnet werden kann, sondern der politische Aspekt der Frauenunterdrückung eine elementare Rolle bei der Abschaffung von Prostitution und der männlichen Vorherrschaft spielen muss.

---

[35] Die Rolle, die die Prostituiertenverbände aus abolitionistischer Perspektive in der gesellschaftlichen Debatte um Prostitution spielen, kann an dieser Stelle nicht abschließend und vollumfänglich geklärt werden, da dies den Rahmen dieser Arbeit überschreiten würde. Deshalb wurde sich darauf beschränkt, die aktiven Prostitutionsverbände in Deutschland darzustellen und im Licht der abolitionistischen Debatte um Prostitutionsverbände weltweit zu betrachten.

5.2.3 Zielvorstellungen des Abolitionismus bezüglich Prostitution

Im Folgenden werden die Ziele, die die abolitionistische Bewegung anstrebt, aufgezeigt und erläutert. Historisch war es ein Ziel,

> „die staatliche Reglementierung der Prostitution abzuschaffen. Unter der Reglementierung der Prostitution ist ein staatliches System zu verstehen, welches davon ausging, dass die Prostitution als ‚notwendiges Übel' nicht abzuschaffen sei und es deswegen darauf ankäme, die Prostitution für den nachfragenden Mann so ‚gesund' wie möglich zu gestalten" (Wolff 2018).

Gleichzeitig wurde sich der Forderung nach einer unmittelbaren, strafrechtlichen Ahndung von Prostitution verweigert, um die Frauen zu schützen, die in erster Linie davon betroffen würden (vgl. Wolff 2018):

> „Stattdessen müsse es darum gehen – so gefordert auf dem Londoner abolitionistischen Kongress von 1894 –, der Frau in allen Bereichen des Lebens zur Gleichberechtigung zu verhelfen" (Wolff 2018).

Somit wird der Einsatz gegen Prostitution als Teil eines allgemeinen Kampfes gegen Gewalt an sowie die Benachteiligung von Frauen verstanden (vgl. Bindel 2017: 332).

Der Auftrag, Prostitution – als besondere Form der Gewalt an Frauen – abzuschaffen, stellt eine besondere Schwierigkeit dar in Anbetracht von

> „nicht nur kommerziellen Interessen derjenigen, die [...] von der Industrie profitieren, sondern auch [den] Vorlieben jener Männer, aus denen sich der Kundenstamm zusammensetzt. Sie werden wahrscheinlich über Versuche, ihre männlichen Privilegien zu beschneiden, verärgert sein" (Jeffreys 2014: 235).

Als ein erster Schritt zur Abschaffung der Prostitution wird vom abolitionistischen Spektrum als kurzfristiges Ziel die Forderung nach einer Bestrafung von Freiern erhoben (vgl. Bastian/Billerbeck 2010: 31). Ein Gesetz, das 1999 in Schweden eingeführt wurde, und „den Kauf sexueller Dienstleistungen verbietet" (Ekberg 2004, zitiert nach Jeffreys 2014: 238) gilt dabei heutigen abolitionistischen Akteuren und Akteurinnen als Vorbild.[36] Dass diese Gesetzgebung sich gerade in Schweden zuerst etabliert hat, sehen Vertreterinnen des Abolitionismus als Ausdruck des (zum

---

[36] Das Gesetz wird auch als „Sexkaufverbot" (Sass et al. 2017: 103) bezeichnet, als „das schwedische Modell" (Jeffreys 2014: 238) oder auch „[d]as nordische Modell" (Vatter et al. 2020: 231).

damaligen Zeitpunkt) leistungsfähigen Sozialstaates, sowie der starken gesellschaftlichen und politischen Stellung der Frau (vgl. Sass et al. 2017: 103). Das Gesetzespaket wird von Seiten der schwedischen Regierung damit begründet, dass die Existenz (und Expansion) von Prostitution ein Hindernis im Streben um die Gleichstellung der Geschlechter darstellt, welches sich in allen Bereichen des gesellschaftlichen Lebens widerspiegelt. Zum anderen liegt dem Sexkaufverbot die (abolitionistische) Prämisse zugrunde, dass Prostitution mit dem Kauf beziehungsweise Verkauf von weiblichen Körpern eine spezifische Art von Gewalt an Frauen darstellt. Diese sollte sanktioniert und gesellschaftlich geächtet werden – was einen Effekt auf die Gesellschaft hervorbringt, die mit der gesetzgeberischen Regelung in einem Wechselverhältnis steht, also sowohl Ausdruck wie auch Wirkung darstellt (vgl. Vatter et al. 2020: 212f.).

Das schwedische Modell zeichnet sich dadurch aus, dass es „die Bestrafung der Freier vorsieht und die Sexarbeitenden strafrechtlich in Ruhe lässt" (Albert/Wege 2015: 113). Die Begründung für die Entkriminalisierung von Prostituierten ist die Definition von ihnen „als Opfer von Missbrauch" (Jeffreys 2014: 238). Des Weiteren ist eine tragende Säule des nordischen Modells die Bereitstellung von Ausstiegshilfen für prostituierte Frauen, genauso wie Beratungsangebote für Freier (vgl. Vatter et al. 2020: 212). Gleichzeitig erstreben abolitionistische Akteurinnen – nach dem Vorbild der schwedischen Gesetzgebung –, dass das Freierdasein aus der Sphäre des Privaten herausgelöst wird. So kann es in Schweden ein Kündigungsgrund für Beschäftigte im Öffentlichen Dienst (beispielsweise Polizisten) sein, wenn sie Prostitution in Anspruch nehmen (vgl. Vatter et al. 2020: 234). Darüber hinaus ist auch jegliche Art von Zuhälterei in Schweden unter Strafe gestellt, die danach definiert ist, dass an der Prostitution einer Frau profitiert wird (vgl. Vatter et al. 2020: 234).

Gleichzeitig wird darauf verwiesen, dass für prostituierte Frauen weitere Handlungsoptionen neben der Prostitution installiert werden müssen, und demnach eine ausschließliche Freierbestrafung im Kampf gegen Prostitution nicht ausreicht, sondern diese mit der Entkriminalisierung von Prostitution sowie mit Ausstiegsmöglichkeiten für die Prostituierten verknüpft sein muss (vgl. Vatter et al. 2020: 235). Die Ausstiegshilfen für Frauen beinhalten „die Bereitstellung von Unterkünften, Beratung, Bildungsprogramme und Berufsausbildungen" (Jeffreys 2014: 238). Darüber hinaus wurden historisch

> „[e]ng mit der Frage der Prostitution […] der Aus- und Aufbau einer weiblichen Polizei in Deutschland verknüpft. So stand Anna Pappritz[37] im engen Austausch mit

---

[37] Anna Pappritz kann als „prominenteste deutsche Abolitionistin" bezeichnet werden (Schmackpfeffer 1989: 46). Sie war für die Redaktion des Publikationsorgans „Abolitionist" der

der ersten Polizeiassistentin Henriette Ahrendt in Stuttgart, die vor allem für die Prostitutionsregulierung eingestellt worden war." (Wolff 2018)

Entsprechend rekrutieren sich die Einheiten, die für die Verfolgung von Sexkauf zuständig sind, im schwedischen Modell aus Angestellten der Polizei, die bezüglich der Thematik „Prostitution" speziell ausgebildet sind (vgl. Vatter et al. 2020: 234).

Zusammenfassend lässt sich sagen, dass die gesetzgeberische Regelung eines Sexkaufverbots in Verbindung mit weiteren Maßnahmen des Sozialstaates – die unter anderem Aufgabe der Sozialen Arbeit als ausführendes Organ sind, einen der wichtigsten Meilensteine des abolitionistischen Kampfes gegen Prostitution markiert. Wobei neben diesem Ziel die Gleichberechtigung der Frau in allen Lebensbereichen ein Ziel kennzeichnet, welches mit der Abschaffung der Prostitution untrennbar verbunden ist. Das abolitionistische Spektrum zeigt sich entsprechend zuversichtlich:

„Germany, too, has been forced to admit that legalizing prostitution did not reach any of the goals it set. The Swedish approach has been well received internationally, and both Norway and Iceland have established similar laws in which the buyers are fined. France and Ireland are well on the way, too. Change is

---

deutschen Sektion der IAF zuständig (vgl. Schmackpfeffer 1989: 44).

not only a fantasy, a utopian dream. It is possible in our time." (Ekman 2014: 121)

5.3 Traditionelle Positionen der Arbeiter:innenbewegung

> „‚Le progrès sociaux et changements de Période s'opèrent en raison du progrès des Femmes vers la liberté, et le s décadences d'Ordre social s'opèrent en raison du décroissement de la liberté des femmes. [...] l'extension des privilèges des femmes est le principe général de tous progrès sociaux.' (Die sozialen Fortschritte und Veränderungen der Zeit gehen mit der fortschreitenden Emanzipation der Frauen einher, der Verfall der sozialen Ordnung führt dementsprechend zur Verminderung der Freiheit der Frauen)." (Fourier 1841: 195f., zitiert nach Marx/Engels 1990: 642)

Folgend sollen die traditionellen Positionen der Arbeiter:innenbewegung zum Themenkomplex der Prostitution anhand von, für die Arbeiter:innenbewegung relevanten und in ihr wirkmächtigen, historischen Persönlichkeiten erörtert werden. Dabei wird sich ausschließlich auf marxistische Vertreterinnen und Vertreter der Arbeiter:innenbewegung bezogen. Diese Positionen scheinen für die feministische Debatte von Relevanz, denn

> „[d]er Feminismus der neuen Frauenbewegung ist in mehrfacher Hinsicht mit dem Marxismus verwandt. […] Feministische Theoretikerinnen bedienten und bedienen sich seiner Begrifflichkeit und seiner Methodologie" (Behrend 1999: 162).

Dazu werden – je nach Quellenlage – zum Teil Schriften und Äußerungen zur Thematik angeführt und erläutert, sowie teilweise ihr Wirken und Handeln dargestellt. Dabei wird darauf verzichtet, Persönlichkeiten gleichermaßen ausführlich zu besprechen, da sich durch die kombinierte Abhandlung der verschiedenen Personen und ihrer Positionen zur Prostitution ein Gesamtüberblick über die Positionen der Arbeiterbewegung ergeben soll.

5.3.1 Marx und Engels

Karl Marx und Friedrich Engels sahen im Jahr 1848 in der Prostitution eine Manifestation kapitalistischer und geschlechtsspezifischer Machtverhältnisse (vgl. Senent 2019: 114). Die Prostitution wird mit der monogamen Ehe in Verbindung gebracht, demgemäß sind

> „Monogamie und Prostitution zwar Gegensätze, aber untrennbare Gegensätze, Pole desselben Gesellschaftszustandes" (Marx/Engels 1962a: 77).

So ist eine historische Kontinuität in Bezug auf die monogame Ehe und die Prostitution zu verzeichnen (vgl. Bhattacharya 2016: 84). Die Monogamie entstand aus der Notwendigkeit von Männern heraus, von ihnen akkumulierten Reichtum als Erbe an ausschließlich eigene Nachfahren weiterzugeben. Diese Entwicklung machte die Monogamie der Frau wesentlich – für den Mann allerdings nicht (vgl. Marx/Engels 1962a: 77). Somit war „das Entstehen von Prostitution an das Aufkommen des Vaterrechts und der Herausbildung des Privateigentums gebunden“ (Schmackpfeffer 1989: 72). Die Monogamie wird „ergänzt durch Ehebruch und Prostitution“ (Marx/Engels 1962a: 76). Zudem wird kritisiert, dass bezüglich Ehebruchs und Prostitution eine moralische Ungleichbehandlung der Geschlechter vorherrscht, die für Frauen im Zweifelsfall juristische Konsequenzen nach sich zieht, für Männer jedoch als rühmlich beziehungsweise im ungünstigsten Falle als ein nebensächliches Defizit gehandhabt wird (vgl. Marx/Engels 1962a: 76). Aufgrund des untrennbaren Zusammenhangs zwischen Monogamie, Ehe und Prostitution geht Bhattacharya davon aus:

> „The woman in the sex trade cannot be free while the wife in the bourgeois family is unfree“ (Bhattacharya 2016: 85f.).

Schließlich soll mit einem Zitat von Marx/Engels (1962a: 77) ein Ausblick auf die Entwicklung der

Prostitution und der Monogamie aus ihrer Sicht gegeben werden:

> „Da nun die Monogamie aus ökonomischen Ursachen entstanden [ist], wird sie verschwinden, wenn diese Ursachen verschwinden? [...] Denn mit der Verwandlung der Produktionsmittel in gesellschaftliches Eigentum verschwindet auch die Lohnarbeit, das Proletariat, also auch die Notwendigkeit für eine gewisse - statistisch berechenbare - Zahl von Frauen, sich für Geld preiszugeben. Die Prostitution verschwindet, die Monogamie, statt unterzugehn, wird endlich eine Wirklichkeit - auch für die Männer.“

Darüber hinaus ist anzumerken, dass Engels in persönlicher Korrespondenz mit Gertrud Guillaume-Schack[38] stand, und sich mit ihr über Frauenarbeit sowie die Forderung nach Lohngleichheit austauschte (vgl. Marx/Engels 1962b: 341). Ferner äußerte er sich in einem Brief gegenüber Friedrich Adolph Sorge über Schacks

---

[38] Schack war Anhängerin des Abolitionismus und wurde maßgeblich durch Josephine Butler motiviert, sich gegen die Reglementierung der Prostitution einzusetzen. Sie kam ebenfalls in den 1870er Jahren mit der Internationalen Abolitionistischen Föderation in Kontakt (siehe mehr zur IAF in Kapitel 5.2) (vgl. Schmackpfeffer 1989: 38). Mitte der 1880er schloss Schack sich der SPD an (vgl. Schmackpfeffer 1989: 42).

Engagement gegen die Contagious Diseases Acts[39] als „eine Sache, die an sich manches für sich hat" (Marx/Engels 1962c: 667).

5.3.2 Lenin

Zum einen bezeichnete Wladimir Iljitsch Lenin Prostituierte als

> „bedauernswerte doppelte Opfer der bürgerlichen Gesellschaft. Erst ihrer verfluchten Eigentumsordnung und dann noch ihrer verfluchten moralischen Heuchelei" (Zetkin 2008).

Zum anderen wies er darauf hin, dass im Kampf gegen die Prostitution moralische Empörung keine Wirkung zeigt. Er stellte stattdessen einen Zusammenhang zwischen der Ausbeutung durch Lohnarbeit und der Existenz von Prostitution her, die zwangsläufig miteinander verknüpft sind (vgl. Lenin 1962a: 206). Zudem kommentierte er den „Fünften Internationalen Kongress" für den Kampf gegen die Prostitution folgendermaßen:

---

[39] Dabei handelt es sich um einen Erlass „for the prevention of contagios [sic!] diseases at certain naval and military stations" (Schmackpfeffer 1989: 25). Nach der Verabschiedung des Gesetzes breitete sich im ganzen Land Empörung und Widerstand aus (vgl. Schmackpfeffer 1989: 26).

„Welches aber waren die Kampfmittel, die
von den vornehmen bürgerlichen Kon-
greßdelegierten gefordert wurden? In der
Hauptsache waren es zwei Mittel: Religion
und Polizei" (Lenin 1962b: 250).

Weiterhin beanstandete er:

„Eine Dame aus Kanada sprach entzückt
von der Polizei und der weiblichen Polizei-
aufsicht über die ‚gefallenen' Mädchen, in
Bezug auf die Erhöhung der Arbeitslöhne
aber bemerkte sie, dass die Arbeiterinnen
höhere Löhne nicht wert seien." (Lenin
1962b: 250)

Demgegenüber kritisierte er, dass ein Delegierter
des Kongresses nicht die Möglichkeit bekam,
seinen Beitrag auszuführen, der auf die
sozioökonomischen Hintergründe von Prostitution
verwies, die Lenin in der Armut von Arbeiterinnen
und Arbeitern und schlechten Lebensumständen sah
(vgl. Lenin 1962b: 250f.).

5.3.3 Bebel

August Bebel hat mit seinem Werk „Die Frau und
der Sozialismus" maßgeblich zur Aufklärung der
Arbeiter:innenbewegung in Bezug auf frauenpoli-
tische Themen eingewirkt (vgl. Vatter et al. 2020:
89f.). Dabei bezog Bebel sich wiederholt auf Erkenntnisse, die in Engels Abhandlung „Der Ur-

sprung der Familie, des Privateigentums und des Staats" dargelegt worden sind (vgl. Herrmann 1985: 67). So kommentierte er:

> „Engels' Schrift… ist eine Errungenschaft für die Partei; wünschbar wäre, daß sie namentlich die Führer studierten, nicht bloß läsen" (Bebel 1884: 154, zitiert nach Hermann 1985: 67).

In dem namentlich genannten Werk beschäftigt sich Bebel (1973: 207) im zwölften Kapitel ausführlich mit der Prostitution, deren hauptsächlichen Feststellungen im Folgenden dargelegt werden sollen. Bebel (1973: 208ff.) wandte sich sowohl gegen die sexuelle Doppelmoral[40], wie gegen die Auffassung, dass Prostitution ein notwendiges und nicht abzuschaffendes Übel[41] der Gesellschaft darstellt. Indessen ist er der Auffassung:

> „[d]ie Prostitution ist eine notwendige soziale Institution der bürgerlichen Welt, ebenso wie Polizei, stehendes Heer, Kirche und Unternehmerschaft" (Bebel 1973: 211).

---

[40] So kritisiert er beispielsweise die staatliche Verfolgung von ausschließlich Frauen in der Prostitution und die damit verbundene Rollenzuschreibung der Frau als vermeintliche Verführerin und den Mann als vermeintlich Verführten und kombiniert diese Moral mit dem christlichen Mythos von Adam und Eva im Paradies (vgl. Bebel 1973: 213).
[41] Dabei zitiert er auch positiv die Abolitionistin Guillaume-Schack (vgl. Bebel 1973: 218f.).

In diesem Zusammenhang sieht er die Aufgabe der Polizei in der bürgerlichen Gesellschaft darin, (ausschließlich) Männer durch die Kontrolle und Reglementierung der Prostitution[42] vor Geschlechtskrankheiten zu schützen (vgl. Bebel 1973: 210). Diese Handhabe „erzeugt […] den Glauben bei der Männerwelt, der Staat begünstige die Prostitution" (Bebel 1973: 214). Somit wird die Frau zur Ware degradiert (vgl. Vatter et al. 2020: 90). Darüber hinaus wird darauf hingewiesen, dass die Folge dieser polizeilichen Anordnungen eine Verhinderung des Ausstiegs aus der Prostitution und Rückkehr zur Erwerbsarbeit ist (vgl. Bebel 1973: 216). Weiterhin wird angenommen, dass „das Angebot von Frauen zu Lustzwecken […] rascher als die Nachfrage [steigt]" (Bebel 1973: 223). Den Grund dafür sieht Bebel (1973: 229) in der wachsenden sozialen Not von Frauen und „Löhnen […], die zum Sterben zu hoch, zum Leben zu niedrig sind". Schlussendlich macht Bebel (1973: 241f.) deutlich, wie die Prostitution aus seiner Sicht bekämpft werden kann:

> „Die ganze Gesellschaft kommt in einen
> Zustand der Unruhe, unter dem die Frauen
> am meisten leiden. Die Frauen fühlen
> dieses immer mehr und suchen Abhilfe.

---

[42] Neben dem widersprüchlichen staatlichen Vorgehen von Bestrafung, Duldung und Überwachung der Prostitution, werden diesbezüglich ebenso von Polizeiärzten durchgeführte gesundheitliche Untersuchungen als Maßnahme angeführt (vgl. Bebel 1973: 212).

Sie verlangen in erster Linie ökonomische
Selbstständigkeit und Unabhängigkeit, die
Frau soll wie der Mann zu allen Tätig-
keiten zugelassen werden."

5.3.4 Kollontai

Die Kommunistin Alexandra Kollontai war nach
der russischen Revolution 1917 Regierungsmit-
glied, leitete ab 1920 die Frauenkommission und
pflegte aufgrund eines vorangegangenen mehr-
jährigen Exils in Europa enge Kontakte zur Frauenbewegung in Deutschland (vgl. Korowin et al. 2020:
197). Kollontai publizierte nicht nur in der von der
Frauenrechtlerin Helene Stöcker[43] herausgegebenen
Zeitschrift „Die Neue Generation", sondern gehörte
auch dem von Stöcker gegründeten „Bund für
Mutterschutz und Sexualreform"[44] (BfMS) an (vgl.
Korowin et al. 2020: 209).[45] In Bezug auf

---

[43] Stöcker war eine „frühere Vertreterin des Abolitionismus" (Schmackpfeffer 1989: 56). In den 1920er Jahren reiste
sie in die Sowjetunion (vgl. Korowin et al. 2020: 209). Diese
Tatsache lässt annehmen, dass sie Sympathien für die junge
Sowjetrepublik hatte.
[44] Bei der Gründung 1905 noch „Bund für Mutterschutz" genannt, wurde der Name 1908 in „Bund für
Mutterschutz und Sexualreform" geändert (vgl. Korowin et al.
2020: 209). „Der BfMS war der radikalste Verein der
bürgerlichen Frauenbewegung" (Schmackpfeffer 1989: 56).
Der Schwerpunkt des Vereins war die Ausarbeitung einer neuen
Sexualmoral und beschäftigte sich in diesem Zusammenhang
ebenfalls mit der Prostitution (vgl. Schmackpfeffer 1989: 57).
[45] August Bebel war ebenfalls Mitglied des BfMS (Schmackpfeffer 1989: 57).

Prostitution äußerte sich Kollontai im Jahr 1921 so, dass sie darin eine Bedrohung für die Solidarität und Kameradschaft zwischen den arbeitenden Frauen und Männern sah, da Prostitution das Frauenbild[46] der Männer insofern prägt, als dass sie Frauen nicht als gleichwertige Person oder Genossin sehen, wenn sie Frauen kaufen können. Aus diesem Grund hat die Existenz von Prostitution eine Auswirkung auf alle Frauen.

Weiterhin wandte sie sich explizit gegen die Vorstellung, dass einige Frauen eine intrinsische Veranlagung zur Prostitution hätten und löst damit einen vermeintlichen Gegensatz von Prostituierten und anderen Frauen auf (vgl. Kollontai 2006). Stattdessen ist sie der Auffassung:

> „Prostitution is above all a social phenomenon; it is closely connected to the needy position of woman and her economic dependence on man in marriage and the family. The roots of prostitution are m [sic!] economics. Woman is on the one hand placed in an economically vulnerable position, and on the other hand has been conditioned by centuries of education to expect material favours from a man in return for sexual favours – whether these are given within or outside the marriage tie. This is the root of the problem. Here is the reason for prostitution." (Kollontai 2006)

---

[46] Kollontai (2020) benutzt unter anderem die Formulierung „schädlich für das gesellschaftliche Bewusstsein".

Kollontai (2006) untermauerte ihre Annahme damit, dass in Zeiten der Krise und grassierender Arbeitslosigkeit die Prostitution ansteigt, sowie damit, dass Prostituierte sich nicht paritätisch aus allen sozialen Schichten rekrutieren, sondern hauptsächlich aus den unteren Klassen. Darüber hinaus setzt sie die Prostitution ebenfalls in den Kontext der bürgerlichen Gesellschaft und der kapitalistischen Wirtschaft, die jeden Bereich des Lebens zur Ware macht:

> „The trade in women's flesh is conducted quite openly, which is not surprising when you consider that the whole bourgeois way of life is based on buying and selling" (Kollontai 2006).

Sie führt aus, dass durch die bürgerliche Gesellschaft und die auf Ausbeutung basierende Wirtschaft die Prostitution gefördert wird, während gleichzeitig Prostituierte der sexuellen Doppelmoral der Gesellschaft ausgesetzt sind (vgl. Kollontai 2006).

Überdies erklärt Kollontai (2006), dass infolge der Russischen Revolution die Grundlagen des Kapitalismus erschüttert wurden und die damit zusammenhängenden Beziehungen der Geschlechter im Wandel begriffen waren, auch wenn die Gesellschaft noch von traditionellen Denkmustern geprägt war. In diesem Zusammenhang greift sie auf, dass gezielte politische

Kampagnen notwendig sein würden, um diesen Einstellungen entgegenzuwirken und zitiert die aus ihrer Sicht korrekte Losung des Allrussischen Frauenkongress der Arbeiterinnen und Bäuerinnen:

> „A woman of the Soviet labour republic is a free citizen with equal rights, and cannot and must not be the object of buying and selling" (Kollontai 2006).

Weiterhin berichtete sie im Jahr 1921, dass durch die veränderten wirtschaftlichen Ausgangsbedingungen und die Errichtung der Arbeiterrepublik in Russland die Prostitution kontinuierlich dezimiert wurde (vgl. Kollontai 2020). „Die neue ökonomische Politik[47] hatte jedoch ein Anwachsen der bereits verschwundenen Prostitution zur Folge" (Aresti 1983: 851ff., zitiert nach Vatter et al. 2020: 92). Obgleich an dieser Stelle nicht näher auf den Umgang und die weitere Entwicklung in der Sowjetunion in Bezug auf Prostitution eingegangen werden kann, da das den Rahmen dieser Arbeit überschreiten würde, kann abschließend festge-

---

[47] Unter der sogenannten „neuen ökonomischen Politik" (NÖP oder russisch: NEP) ist ein Paket an Sofortmaßnahmen zu verstehen (vgl. Ruffmann 1981: 102). Dieses beinhaltete unter anderem „eine genau vorgeschriebene Naturalabgabe [...], die es den Bauern gestattete, etwaige Überschüsse frei auf dem Markt zu verkaufen", genauso wie eine begrenzte Wiedereinführung des „freie[n] Binnenhandel[s]" (Ruffmann 1981: 102). Es muss jedoch darauf hingewiesen werden, dass die NÖP von bolschewistischen Führungspersonen als eine zeitweilige, situationsbedingte Abweichung von eigentlichen Zielen der Wirtschaftspolitik betrachtet wurde (vgl. Behruzi 2001: 108).

halten werden, dass Kollontai (2020) maßgeblich den Standpunkt vertrat,

> „dass die Stellung der Frau in der Gesellschaft und in der Ehe einzig und allein von ihrer Stellung in der Produktion abhängt".

6. Relevanz für die Soziale Arbeit

> „Damit die nächste Generation von Sozialarbeiterinnen sich nicht mehr von der Prostitutionslobby an der Nase herumführen lässt und glaubt, wenn sie die prostituierte Frau ‚Sexarbeiterin' nennt, die Zuhälter ‚Manager' und die Bordellbesitzer ‚Unternehmer im Erotikgewerbe', würde die Gewalt aus der Prostitution verschwinden. Ganz einfach deshalb, weil Gewalt nicht ein Randphänomen der Prostitution ist, sondern ihr Kern."
> (Moran/Constabel 2015: 5)

Im Folgenden werden die im Vorfeld ausführlich dargestellten Kenntnisse und politischen Positionen in den Kontext der Sozialen Arbeit gesetzt. Dabei wird im Speziellen auf die individuelle Fallhilfe eingegangen, genauso wie auf die sozialarbeiterischen Grundsätze in der Arbeit mit Prostituierten, und ihre Ausformulierung in der Praxis.

Das Wesen der Prostitution sowie die Problemlagen von Prostituierten sind aufgrund ihrer gesellschaftlichen, politischen, ökonomischen und sozialen Determinanten höchst komplex (vgl. Le Breton 2011: 25). Aufgrund dessen ist eine „reflexive Professionalität" (Dewe/Otto 2005, zitiert nach Le Breton 2011: 25) der Sozialen Arbeit verstärkt notwendig. Die Soziale Arbeit „als sozialwissenschaftliche Disziplin und handlungsorientierte Profession" (Le Breton 2011: 25), die sich im Spannungsfeld von Wissenschaft und praktischem Handlungswissen bewegt, muss sich damit notwendigerweise universell mit verschiedensten gesellschaftlichen Bereichen und Aufgabenstellungen beziehungsweise Problemlagen beschäftigen. Gerade besonders marginalisierte Menschen, die von gesellschaftlichen Ausschlüssen betroffen sind und deren Problemlagen verstärkt nicht wahrgenommen werden, müssen dabei in den Fokus genommen werden (vgl. Albert/Wege 2015: 73).

Dabei muss einerseits auf individuelle Problemlagen im Kontext von Beratungsangeboten, die von Wertschätzung und Anpassungsfähigkeit geprägt sein sollten, Bezug genommen werden (vgl. Albert/Wege 2015: 74). Ebenso muss auch „die Wechselwirkung zwischen dem Individuum und seiner Umwelt in den Hilfeprozess miteinbezogen werden" (Albert/Wege 2015: 75), wobei es gleichzeitig darum geht, „positive wie auch negative Einflüsse zu analysieren und Ressourcen und Fähigkeiten des Hilfesuchenden zu mobilisieren" (ebd.). Eine tragende Säule in der Sozialen Arbeit muss dabei die Parteilichkeit im Sinne der Betroffenen darstellen, die sich unter anderem darin ausdrückt, „strukturell angelegte Benachteiligung und reale Grenzen zu offenbaren" (Albert/Wege 2015: 178). Weiterhin gehört zur parteilichen Arbeit, die Wahrung und Nutzung der Rechte von Betroffenen zu unterstützen (vgl. Albert/Wege 2015: 178). Darüber hinaus zeigt sich diese ebenfalls in der „Maxime, nicht gegen den Willen und gegen das Einverständnis der zu Beratenden zu verstoßen" (Albert/Wege 2015: 214).[48]

Andererseits muss im Sinne einer präventiven und nachhaltigen Sozialen Arbeit auch politisches Engagement gegenüber der Öffentlichkeit geleistet werden und im Speziellen im Bereich der Prostitution eine Haltung zur gesellschaftlichen Diskussion um das Thema entwickelt werden (vgl. Albert/Wege 2015: 79f.). Das bedeutet für Beratungsstellen auch

> „als parteiliche Interessenvertreterinnen einer bestimmten Gruppierung die Möglichkeit, über Öffentlichkeits-, Lobby- und Sensibilisierungsarbeit auf vorhandene Missstände aufmerksam zu machen und bei Handlungsverantwortlichen, etwa politischen Mandatsträgern oder anderen Entscheidungsverantwortlichen, Verände-

---

[48] Von dieser Regel kann es Ausnahmen geben, beispielsweise wenn eine Selbst- oder Fremdgefährdung vorliegt (vgl. Albert/ Wege 2015: 214). Auf diese Fälle soll an dieser Stelle jedoch keine Rücksicht genommen werden.

rungen einzufordern. Sie verleihen Betroffenen und deren Bedarfen eine Stimme, sensibilisieren die Öffentlichkeit und können sich hiermit von der persönlichen Ebene lösen, indem sie systemisch verankerte Defizite formulieren und zur Schaffung von Abhilfe auffordern."

(Albert/Wege 2015: 222)

An dieser Stelle muss die Frage aufgeworfen werden, welche konkrete politische Haltung zur Prostitution die Soziale Arbeit beziehungsweise im Speziellen Beratungs- und Anlaufstellen zu vertreten haben. Darüber ist keine einheitliche Meinung vorhanden. So ist beispielsweise Büschi (2011: 201) der Auffassung, dass es die Aufgabe von Sozialer Arbeit sein sollte, „in der Öffentlichkeit eine differenzierte Debatte zu Sexarbeit als Arbeit zu initiieren und damit die geforderte Entproblematisierung der Sexarbeit umzusetzen" und eine „Schadensminimierung anzustreben" sowie dementsprechend „die Orientierung an der Abolition (hier: Ausstieg aus der Sexarbeit als Erwerbsarbeit) aufzugeben".

Dahingegen vertritt Angelina et al. (2018: 123) die Position, dass

„ebenfalls nicht verdrängt werden [sollte], dass Sexualität u.a. aufgrund eines ökonomischen Ungleichgewichts kommerzialisiert wird. Dabei sind diejenigen im Vorteil, die die finanziellen Mittel besitzen, um sich sexuelle Zuneigung zu erkaufen, und jene im Nachteil, die sich gezwungen sehen, unter prekären Bedingungen zu prostituieren.“

Weiter „sollten Unterstützungs- sowie Ausstiegsangebote Teil der Beratung sein“ (ebd. 2018: 124).[49]

Im Rahmen dieser Haltung sieht auch Mühlberger den Auftrag der Sozialen Arbeit darin „die gesellschaftliche Legitimität des ‚Sexkaufes‘ ins Wanken zu bringen“ (2019: 87).

An dieser Stelle zeichnet sich bereits ab, dass die unterschiedlichen feministischen Positionen sich ebenfalls innerhalb des Feldes der Sozialarbeit widerspiegeln.

Folglich kann in Frage gestellt werden, wenn Schrader (2014: 7) mit Bezug auf die soziale Einrichtung „ragazza!“ – in deren Vorstand sie laut eigener Aussage mitarbeitet – hervorhebt, dass es sich beim Angebot der Einrichtung um eine „ideologiefreie Lösung“ handelt (2014: 7). Denn unterdessen findet sich auf der Website der Einrichtung eine Verlinkung zum BesD, sowie zur Kampagne „Sexarbeit ist Arbeit“ und in der Rubrik „News“ eine Verlinkung zur Kampagne „Sexarbeit gleichstellen“ (vgl. ragazza! o. D.).
Obgleich in der Sozialen Arbeit Einigkeit darüber besteht, dass der Umgang mit Prostituierten von Wertschätzung gezeichnet sein muss, ist keine einheitliche Auffassung darüber vorhanden, wie

---

[49] An dieser Stelle muss angemerkt werden, dass „ein gewünschtes Verbleiben in der Prostitution gleichfalls respektiert werden [muss]“ (Angelina et al. 2018: 124).

dieser Respekt in der sozialarbeiterischen Praxis umzusetzen ist (vgl. Angelina et al. 2018: 124; vgl. Albert/Wege 2015: 96). So gehen Albert und Wege (2015:112) von folgender Annahme aus:

> „Gerade die Medien und die abolitionistische Bewegung machen es sich zu einfach, wenn sie Sexarbeitende, im speziellen [sic] Frauen, ausschließlich als Opfer stilisieren".

Auch Le Breton (2011: 25) wendet sich explizit

> „gegen eine viktimisierende Perspektive auf migrierende Sexarbeiterinnen und somit gegen die Reproduktion herkömmlicher alltagstheoretischer und medialer Diskurse, die Migrantinnen – unter anderem im Kontext von Sexarbeit – auf Opferkategorien reduzieren und dabei ihre Handlungskapazität als soziale Akteurinnen im Kontext transnationaler Mobilität außer Acht lassen."

Ekman (2014: 16) weist indessen die Konstruktion eines Gegensatzes zwischen der Kategorisierung als Opfer sowie als (handlungsfähigem) Subjekt zurück.[50] Stattdessen führt sie aus:

---

[50] Weiterhin führt sie diesen Umgang mit dem Opfer-Begriff auf die Dominanz neoliberaler Ideologie zurück: *„What characterizes the neoliberal definition of the victim, however, is that victimhood has become a characteristic. It means that a person is weak, that we can be either passive victims or active subjects"* (Ekman 2014: 27).

„Why this fear of calling someone a victim? Why is it so important to prove that prostituted individuals cannot, ever, be victims? Like all systems that accept inequalities, the neoliberal order hates victims. To speak of a 'vulnerable person' points to the lack of, and need for, a just society and a social safety net. Making it a taboo to talk about victims is a step towards legitimizing class divisions and gender inequality." (Ekman 2014: 26)

Darüber hinaus merkt Schwarzer (2013: 95) zur Vermeidung des Opfer-Begriffs an: „Wie praktisch für die Frauenhändler. Wo keine Opfer sind, sind schließlich auch keine Täter".

Welche Auswirkung diese Herangehensweise der Entproblematisierung von Prostitution haben kann, beschreibt Bindel (2017: 26f.) anhand einer geschilderten Erfahrung von Huschke Mau:

„She, along with a politician and a social worker, has founded Sisters e V […], a new anti-prostitution organisation which helps women to exit the sex trade. Mau, who spent 10 years in prostitution before finding a way out in 2012, said that she struggled to find the kind of support that Sisters offers. 'I was in an advice centre in my town, and I told them that I couldn't stand it anymore and that I wanted to get out. And they said, "What's your problem? It's an okay job, why don't you just stop going to the brothel?'."

Des Weiteren beschreibt Mau (2017) an anderer Stelle:

> „Ich kenne Frauen, die sich an solche Beratungsstellen gewendet haben mit der Bitte um Ausstiegshilfe, und denen gesagt wurde, der Job sei nicht das Problem, sondern sie, und sie sollten sich doch einfach innerhalb der Prostitution umorientieren: wäre Escort was für sie, oder SM? Oder andere Praktiken vielleicht?"[51]

Der Anspruch, Frauen in der Prostitution mit einer wertschätzenden Haltung gegenüberzutreten, kann nicht erfüllt werden, wenn ihre Problemschilderungen und Erfahrungen nicht ernstgenommen werden und Gewalt als Gewalt definiert wird. Dies ist jedoch die konsequente Fortführung der Logik einer Entproblematisierung von Prostitution, des Ausklammerns von Opfer- und Täterrollen, sowie strukturellen Ungleichheiten. Im Rahmen dieser Perspektive führt Büschi (2011: 58) aus:

> „Wird Sexarbeit als soziales Phänomen definiert, als kommerzielle Sexualität, als anerkannte sexuelle Dienstleistung und

---

[51] Die Erfahrung, die die Aktivistin und Betroffene Mau berichtet, sollen nicht generalisiert in die wissenschaftliche Debatte eingebracht werden. Trotzdem erscheint es der Autorin an dieser Stelle bedeutsam, auf die Auswirkungen bestimmter Haltungen in der Sozialen Arbeit auf Betroffene aufmerksam zu machen und in diesem Zuge auch Berichte von Betroffenen darzustellen.

damit als selbstbestimmte Arbeit, sind
keine spezifischen Problembearbeitungs-
massnahmen [sic!] seitens des Staats oder
der Sozialen Arbeit notwendig."

Weiter postuliert Büschi (2011: 202):

„Durch gezielte interprofessionelle Ko-
operation – und dies meint den Einbezug
aller Beteiligten, sowohl Sexarbeitender
wie Geschäftsführender – können Fach-
personen der Sozialen Arbeit zur Förderung der Entstigmatisierung und Etablierung menschengerechter Arbeitsbedingungen im Sexgewerbe beitragen."

Auch andere Akteure und Akteurinnen sind der
Überzeugung, es gäbe „eine hohe Wichtigkeit der
Freierkontakte für Soziale Arbeit im Sexgewerbe" (Albert/Wege 2015: 123). Dabei „gehört zur
professionellen Haltung, sich mit den im
Sexarbeitsmilieu tummelnden Männern wertfrei
auseinanderzusetzen" (Albert/Wege 2015: 124). So
wendet sich beispielsweise das „BASIS-Projekt"[52]
auch explizit an Freier und benennt sie aus-

---

[52] „Das BASIS-Projekt ist eine niedrigschwellige Anlauf- und
Übernachtungsstelle für männliche Jugendliche*, Junger-
wachsene* und Männer*, die in der Sexarbeit tätig
sind" (BASIS-Projekt o. D.). Dabei muss angemerkt werden,
dass diese Anlaufstelle nicht mit Frauen in der Prostitution
arbeitet und deshalb nur bedingt als Beispiel herangezogen
werden kann. Es wird trotzdem angeführt, um die Auswirkungen des „Sexarbeits"-Ansatzes auf die Soziale Arbeit zu
verdeutlichen.

drücklich als Teil ihrer Zielgruppe (vgl. BASIS-Projekt o. D.).

Hierbei muss die Frage der Parteilichkeit der Anlaufstellen aufgeworfen werden, die im Rahmen dieser Arbeit nicht abschließend beantwortet werden kann, da dies den Rahmen überschreiten würde. Deshalb bleibt an dieser Stelle ungeklärt, inwieweit Anlaufstellen für alle beteiligten Parteien im Prostitutionsgewerbe Anlaufstellen darstellen sollen und gleichzeitig parteilich im Sinne der prostituierten Frauen sein können. Dieselbe Frage drängt sich auf, wenn ein Bündnis von Fachberatungsstellen im Prostitutionsgewerbe dafür plädiert, dass

> „sichergestellt werden [muss], daß kleine-
> [sic!] und mittelständische Unternehmen
> ihren Bestand wahren und konkurrenz-
> fähig bleiben können" (bufas e.V. 2017: 2).

Jedoch lassen solche Herangehensweisen

> „die Vermutung zu, dass hier ein jahr-
> hundertealtes, frauenverachtendes und
> ausbeuterisches System – bei welchem
> Männer profitieren und Frauen verlieren –
> um jeden Preis aufrechterhalten werden
> soll" (Mühlberger 2019: 52f.).

Schließlich kann festgehalten werden, dass die unterschiedlichen politischen Positionen innerhalb der feministischen Debatte um Prostitution sich auch in der Sozialen Arbeit widerspiegeln und eine klare Positionierung dazu unabdinglich für die Sozialarbeit im Feld der Prostitution erscheint, um sich bestimmten Implikationen und der Auswirkung auf die individuelle Arbeit mit Betroffenen, genauso wie auf die politische Öffentlichkeitsarbeit bewusst zu sein und in der Folge Bestrebungen in diesem Feld als konkrete politische Forderungen aus-formulieren zu können.

7. Fazit

Nach der Betrachtung der Gesamtlage der Prostitution in Deutschland, sowie der feministischen Debatte um das Feld der Prostitution können einige grundlegende Erkenntnisse festgehalten und die Fragestellung in Kürze beantwortet werden.

Im Kern geht es bei der Prostitution um einen Bereich, der nicht am Rande oder außerhalb der Gesellschaft existiert, sondern mitten in ihr und auf sie einwirkt, genauso wie umgekehrt. Die verschiedenen Standpunkte in den feministischen Debatten können als „befürwortend" und „ablehnend" zusammengefasst werden. Die befürwortende Haltung, die dem liberalen Feminismus entspringt, geht davon aus, dass Prostitution eine notwendige Institution menschlicher Gesellschaften darstellt und prostituierte Frauen in eine Machtposition bringt und zu Selbstermächtigung führt. Die ablehnende Haltung des Abolitionismus hingegen weist auf den Objektcharakter von Prostituierten hin, sodass weibliche Sexualität als eine jederzeit verfügbare Ware gehandhabt wird, was wiederum auf die gesamte Gesellschaft einwirkt, und somit Spiegel und Resultat von Frauenunterdrückung darstellt. Bei der ablehnenden Haltung müssen die traditionellen Positionen der Arbeiter:innenbewegung vom Abolitionismus differenziert werden, da erstgenannte zwar ebenso Prostitution als Resultat von Frauenunterdrückung analysieren, die Aufhebung der Prostitution jedoch in der Beseitigung von ökonomischen Ungleichheiten sehen, sowohl in Bezug auf Männer und Frauen, wie auch bezüglich der gesamten Gesellschaft im Sinne einer Abschaffung des Privateigentums an Produktionsmitteln, mit der auch der bürgerlichen Ehe – als Gegenstück zur Prostitution – ihre materielle Grundlage entzogen würde.

Diese Debatten werden als essentiell für die Soziale Arbeit gewertet, da mit der Interpretation von Prostitution die Frage der Problembearbeitung und Aufgabenstellung seitens der Sozialen Arbeit – im Rahmen staatlicher Maßnahmen – gestellt werden muss. Es ist herausgearbeitet worden, dass hier ebenfalls politisches Engagement aufseiten der Anlaufstellen und anderen sozialen Einrichtungen, die mit Prostituierten arbeiten, zentral ist und in den exemplarisch aufgeführten Einrichtungen auch geleistet wird. Dabei ist infolge der bisherigen Untersuchungen die liberal-feministische Haltung in den Anlaufstellen dominierend. Hier kann – unter Vorbehalt – die Vermutung angestellt werden, dass dies als Folge jahrzehntelanger Hegemonie durch neoliberale Ideologie gesehen werden kann, die das Individuum und seine Entscheidungen in den Vordergrund stellt, und dabei außer Acht lässt, dass

> „Menschen [...] ihre eigene Geschichte [machen], aber sie machen sie nicht aus freien Stücken, nicht unter selbstgewählten, sondern unter unmittelbar vorgefundenen, gegebenen und überlieferten Umständen" (Marx/Engels 2009: 115).

An dieser Stelle soll nicht mit einem monokausalen Duktus die Ursache(n) für die Verbreitung der liberal-feministischen Haltung in den sozialarbeiterischen Anlaufstellen für Prostituierte in der neoliberalen Wirtschaftsordnung und ihrer ideologischen Ausschweifungen konstatiert werden. Stattdessen wird darauf hingewiesen, dass es als Gegenstand weiterer wissenschaftlicher Untersuchungen fungieren muss, wie die Anlaufstellen zu ihrer politischen Haltung gekommen sind und welche Verknüpfungen mit politisch-ökonomischen Zusammenhängen und strukturellen Hintergründen gezogen und sichtbar gemacht werden können. Ob die eigene Soziale Arbeit explizit als ideologisch angesehen werden kann oder nicht, spielt also keine Rolle dafür, inwieweit sie ideologisch wirkt, da bloß der Sprachgebrauch – beispielsweise ob von Prostitution oder „Sexarbeit" gesprochen wird – eine politische Haltung widerspiegelt.

Um dem Anspruch in der Parteilichkeit in der Sozialen Arbeit gerecht zu werden, wird hier die Haltung vertreten, Prostitution als eine Institution zu behandeln, die der Unterdrückung von Frauen entstammt und die für die Gleichberechtigung der Geschlechter hinderlich ist. Demnach muss die Soziale Arbeit sich ausschließlich den Belangen der prostituierten Frauen annehmen und in ihrem Sinne handeln, statt eine Aufrechterhaltung des Gewerbes anzustreben. Neben der Einzelfallarbeit, die nicht über die inhärente Gewalt des Milieus und die verheerenden Auswirkungen der Prostitution hinwegsehen darf, muss demnach Soziale Arbeit als gesellschaftspolitische Akteurin auftreten, sie muss Aufklärungsarbeit über Prostitution leisten, sowie für jede (soziale) Verbesserung der Situation von Prostituierten einstehen. Dabei sollen sich keine Illusionen darüber gemacht werden, dass Soziale Arbeit ausreichen würde, um die Prostitution im Allgemeinen zu bekämpfen. Vielmehr fungiert sie als ein Bestandteil der Lösung einer gesellschaftlich zu bewältigenden Aufgabe und muss sich ein politisches Mandat geben. Zweifelsohne sind politische Kampagnen zur Aufklärung über Prostitution – mit dem Ziel der Abschaffung – zwingend notwendig. Sie werden allein jedoch nicht ausreichen, da die Prostitution vornehmlich da ansteigt, wo Frauen eine besondere materielle Not erleben. Deshalb müssen die politischen Forderungen mit sozialen und vor allem ökonomischen Forderungen verbunden werden, um eine nachhaltige Emanzipation von Frauen und allen Unterdrückten zu garantieren. In diesem Sinne soll das vorliegende Fazit mit einem Zitat abgeschlossen werden, das den Gegenstand nicht besser hätte zusammenfassen können:

> „Um uns von der Prostitution zu befreien, müssen wir uns von den Eltern der Prostitution, den gesellschaftlichen Bedingungen befreien, die diese hervorbringen. Mitternachtstreffen, Zufluchtsorte für die Unglücklichen, all diese wohlgemeinten Versuche, mit dem entsetzlichen Problem fertig zu werden, sind wirkungslos, wie ihre Initiatoren verzweifelt eingestehen. Und sie werden wirkungslos bleiben, solange das Produktionssystem erhalten bleibt, welches durch die Erschaffung einer überschüssigen Arbeiterbevölkerung männliche und weibliche Kriminelle produziert, die wortwörtlich und beklagenswerterweise ‚aufgegeben‘ werden. Befreit euch vom kapitalistischen Produktionssystem, so sagen die Sozialisten, und die Prostitution wird untergehen.“
>
> (Marx-Aveling/Aveling 1983)

8. Literaturverzeichnis

Albert, Martin/Julia Wege (2015): Soziale Arbeit und Prostitution: Professionelle Handlungsansätze in Theorie und Praxis, Heidelberg, Springer VS.

Amnesty von Sexindustrie-Lobby unterwandert (2015): Emma, [online] https://www.emma.de/artikel/amnesty-von-sexindustrie-lobby-unterwandert-330443 [abgerufen am 01.03.2022].

Angelina, Carina/Stefan Piasecki/Christiane Schurian-Bremecker (2018): Prostitution heute: Befunde und Perspektiven aus Gesellschaftswissenschaften und Sozialer Arbeit, Marburg, Tectum Wissenschaftsverlag.

BASIS-Projekt (o. D.): BASIS-Projekt, BASIS-Projekt, [online] https://www.basis-projekt.de/ [abgerufen am 10.03.2022].

Bastian, Nele/Katrin Billerbeck (2010): Prostitution als notwendiges Übel?: Analyse einer Dienstleistung im Spannungsfeld von Stigmatisierung und Selbstermächtigung, Marburg, Tectum Wissenschaftsverlag.

Bayerisches Staatsministerium für Familie, Arbeit und Soziales (o. D.): Sexualisierte Gewalt, Bayern gegen Gewalt, [online] https://bayern-gegen-gewalt.de/gewalt-infos-und-einblicke/formen-von-gewalt/sexualisierte-gewalt/#sec3 [abgerufen am 13.09.2021].

Bebel, August (1973): Die Frau und der Sozialismus, 62. Aufl., Berlin, Dietz.

Behrend, Hanna (1999): Marxismus und Feminismus - inkompatibel oder verwandt?, in: UTOPIE kreativ, Bd. 10, S. 162-173, [online] https://www.rosalux.de/fileadmin/rls_uploads/pdfs/109_10_Behrend.pdf.

Behruzi, Daniel (2001): Die Sowjetunion 1917–1924: Revolution - Arbeiterdemokratie - Bürokratisierung, Köln, Neuer ISP.

Berufsverband Sexarbeit e.V. (2020a): Sperrbezirk, BesD e. V. | Berufsverband Sexarbeit, [online] https://www.berufsverband-sexarbeit.de/index.php/sexarbeit-2/gesetze-2/sperrbezirk/ [abgerufen am 23.09.2021].

Berufsverband Sexarbeit e.V. (2020b): Stellungnahme und Alternativ-Vorschläge des BesD zum neuen Eckpunktepapier, BesD e. V. | Berufsverband Sexarbeit, [online] https://www.berufsverband-sexarbeit.de/index.php/2014/09/02/stellungnahme-und-alternativ-vorschlaege-des-besd-zum-neuen-eckpunktepapier/ [abgerufen am 10.12.2021].

Berufsverband Sexarbeit e.V. (2021a): Über uns, BesD e. V. | Berufsverband Sexarbeit, [online] https://www.berufsverband-sexarbeit.de/index.php/verband/ueberuns/ [abgerufen am 05.12.2021].

Berufsverband Sexarbeit e.V. (2021b): Unsere Positionen & Forderungen, BesD e. V. | Berufsverband Sexarbeit, [online] https://www.berufsverband-sexarbeit.de/index.php/verband/positionen-und-forderungen/#toggle-id-8-closed [abgerufen am 05.12.2021].

Bhattacharya, Malini (2016): Neither 'Free' nor 'Equal' Work: A Marxist-Feminist Perspective on Prostitution, in: ANTYAJAA: Indian Journal of Women and Social Change, Bd. 1, Nr. 1, S. 82-92, [online] doi:10.1177/2455632716637914.

Bindel, Julie (2017): The Pimping of Prostitution: Abolishing the Sex Work Myth, London, Palgrave Macmillan.

bufas e.V. (2017): bufaS, bufas e.V., [online] http://www.bufas.net/cms/wp-

content/uploads/prostschg-kritikpunkte-2017_01_17.pdf
[abgerufen am 10.03.2022].

Bundesministerium für Familie, Senioren, Frauen und
Jugend (o. D.): Sexualisierte Gewalt: Formen und
Definitionen, Stärker als Gewalt, [online]
https://staerker-als-gewalt.de/gewalt-
erkennen/sexualisierte-gewalt-erkennen/sexualisierte-
gewalt-formen-und-definitionen [abgerufen am
13.09.2021].

Bundesverband sexuelle Dienstleistungen e.V. (2022):
Info: Sexarbeit gleichstellen!, Sexarbeit gleichstellen,
[online] https://sexarbeit-gleichstellen.de/info
[abgerufen am 08.03.2022].

Büschi, Eva (2011): Sexarbeit und Gewalt:
Geschäftsführende von Studios, Salons und Kontakt-
Bars über Gewalt und Gewaltprävention im
Sexgewerbe, Marburg, Tectum.

Cho, Seo-Young/Axel Dreher/Eric Neumayer (2013):
Does Legalized Prostitution Increase Human
Trafficking?, in: World Development, Bd. 41, S. 67-82.

DER SPIEGEL (2013): How Legalizing Prostitution
Has Failed, DER SPIEGEL, [online]
https://www.spiegel.de/international/germany/human-

trafficking-persists-despite-legality-of-prostitution-in-germany-a-902533.html [abgerufen am 20.09.2021].

Deutsche Welle (2014): Sex, Drogen und Waffen blasen das BIP auf, dw.com, [online] https://www.dw.com/de/sex-drogen-und-waffen-pumpen-das-bip-auf/a-17849000 [abgerufen am 19.08.2021].

Ekman, Kajsa Ekis (2014): Being & Being Bought: Prostitution, Surrogacy & the Split Self, [online] https://cloudflare-ipfs.com/ipfs/bafykbzacecjf3loqehhnkua3twub57h5gzsxiyvsoy4dskvozp3tfr7mm7whe?filename=Kajsa%20Ekis%20Ekman%20-%20Being%20and%20Being%20Bought_%20Prostitution%2C%20Surrogacy%20and%20the%20Split%20Self-Spinifex%20Press%20%282014%29.pdf.

Euchner, Eva-Maria (2015): Prostitutionspolitik in Deutschland: Entwicklung im Kontext europäischer Trends, Wiesbaden, Springer VS.

Fachberatungsstellen: Unterwerfung unter Regierungskurs schreitet immer schneller voran – Doña Carmen e.V. (2018): Doña Carmen e.V., [online] https://www.donacarmen.de/fachberatungsstellen-

unterwerfung-unter-regierungskurs-schreitet-immer-
schneller-voran/ [abgerufen am 28.02.2022].

Farley, Melissa/Julie Bindel/Jacqueline Golding (2009):
Men who buy sex: Who they buy and what they know,
London, Eaves.

Farley, Melissa/Jacqueline M. Golding/Emily
Schuckman Matthews/Neil M. Malamuth/Laura Jarrett
(2015): Comparing Sex Buyers With Men Who Do Not
Buy Sex: New Data on Prostitution and Trafficking, in:
Journal of Interpersonal Violence, Bd. 32, Nr. 23, S.
3601-3625, [online] doi:10.1177/0886260515600874.

Farley, Melissa/Jan Macleod/Lynn Anderson/Jacqueline
M. Golding (2011): Attitudes and social characteristics
of men who buy sex in Scotland, in: Psychological
Trauma: Theory, Research, Practice, and Policy, Bd. 3,
Nr. 4, S. 369-383, [online] doi:10.1037/a0022645.

Fiebig, Peggy (2020): Drei Jahre
Prostituiertenschutzgesetz - Was der
„Hurenausweis" gebracht hat, Deutschlandfunk Kultur,
[online] https://www.deutschlandfunkkultur.de/drei-
jahre-prostituiertenschutzgesetz-was-der-
hurenausweis.976.de.html?dram:article_id=480088
[abgerufen am 04.09.2021].

Frank, Marie (2020): Strafen für Prostituierte, neues deutschland, [online] https://www.nd-aktuell.de/artikel/1136891.sexarbeit-strafen-fuer-prostituierte.html [abgerufen am 23.09.2021].

Generaldirektion Interne Politikbereiche der Union (2014): Sexuelle Ausbeutung und Prostitution und ihre Auswirkungen auf die Gleichstellung der Geschlechter, Amt für Veröffentlichungen der Europäischen Union, [online] https://op.europa.eu/de/publication-detail/-/publication/3623a253-ea26-4f62-b287-3f3e3ba6cf99 [abgerufen am 21.09.2021].

Gießener Anzeiger (2020): Vortrag in Gießen: „Deutschland ist das Bordell Europas", Gießener Anzeiger, [online] https://www.giessener-anzeiger.de/lokales/stadt-giessen/nachrichten-giessen/vortrag-in-giessen-deutschland-ist-das-bordell-europas_21393767 [abgerufen am 21.09.2021].

Grant, Melissa Gira (2014): Hure spielen: Die Arbeit der Sexarbeit (Nautilus Flugschrift), Hamburg, Edition Nautilus.

Grenz, Sabine (2007): (Un)heimliche Lust: Über den Konsum sexueller Dienstleistungen, 2. Aufl., Wiesbaden, VS Verlag für Sozialwissenschaften.

Grubner, Barbara/Veronika Ott (2014): Sexualität und Geschlecht: Feministische Annäherungen an ein unbehagliches Verhältnis, Roßdorf, Ulrike Helmer Verlag.

Hassenkamp, Milena (2020): Auf Kosten der Frauen, DER SPIEGEL, [online] https://www.spiegel.de/politik/deutschland/corona-krise-und-prostitutionsverbot-auf-kosten-der-frauen-a-fb767fef-b9db-4408-8c3d-cd676ab61ded [abgerufen am 23.09.2021].

Herrmann, Ursula (1985): Die Verarbeitung von Ideen aus Friedrich Engels' Schrift „Der Ursprung der Familie, des Privateigentums und des Staats" durch August Bebel in seinem Buch „Die Frau und der Sozialismus", in: Beiträge zur Marx-Engels-Forschung: Band 19, S. 60-72, [online] https://marxforschung.de/2016/wp-content/uploads/2016/11/BzMEF-19-U.-Herrmann-S.-60-72.pdf.

Hill, Elisabeth/Mark Bibbert (2019): Zur Regulierung der Prostitution: Eine diskursanalytische Betrachtung des Prostituiertenschutzgesetzes, Wiesbaden, Springer VS.

Internationales Kommitee für die Rechte von
Sexarbeiter*innen in Europa (2017): Vorgeblicher
Schutz, Vergebliche Massnahmen: Überblick über das
Prostituiertenschutzgesetz – (ProstSchG), Hydra e.V.,
[online] https://www.hydra-
berlin.de/fileadmin/_hydra/Infos___Materalien/ICRSE_
Overview_of_the_German_Prostitutes_Protection_Act_
May2017_DE_02.pdf [abgerufen am 06.09.2021].

Jeffreys, Sheila (2014): Die industrialisierte Vagina: Die
politische Ökonomie des globalen Sexhandels,
Hamburg, Marta Press.

Jeffreys, Sheila (2008): Idea of Prostitution, [online]
https://books.google.de/books?id=JRrU0uZerX4C&prin
tsec=frontcover&hl=de&source=gbs_ge_summary_r&c
ad=0#v=onepage&q&f=false.

Kienesberger, Anita (2014): Fucking Poor: Was hat
„Sexarbeit" mit Arbeit zu tun?: Eine
Begriffsverschiebung und die Auswirkungen auf den
Prostitutionsdiskurs, Hamburg, Marta Press.

koeln.de (2010): Sex-Steuer-Einnahmen brechen ein,
koeln.de, [online]
https://www.koeln.de/koeln/sexsteuereinnahmen_breche
n_ein_260795.html [abgerufen am 22.09.2021].

Kollontai, Alexandra (2020): Die Situation der Frau in der gesellschaftlichen Entwicklung (13. Vorlesung), marxists.org, [online] https://www.marxists.org/deutsch/archiv/kollontai/1921/frau/13-leben.html [abgerufen am 06.03.2022].

Kollontai, Alexandra (2006): Prostitution and ways of fighting it, marxists.org, [online] https://www.marxists.org/archive/kollonta/1921/prostitution.htm [abgerufen am 06.03.2022].

Kölner Stadt-Anzeiger (2015): Sex-Steuer spült 3,4 Millionen Euro in kommunale Kassen: Köln ist bei Einnahmen durch Sexsteuer an der Spitze, Kölner Stadt-Anzeiger, [online] https://www.ksta.de/koeln/-sote-koeln-ist-bei-sexsteuer-spitze-822500?cb=1632320606946 [abgerufen am 22.09.2021].

Korowin, Elena/Jurij Lileev/Michel Espagne/Karl Zieger/Peter Thiergen/Birgit Menzel/Elisabeth Cheauré/Dieter Martin/Dietmar Neutatz/Charlotte Krauss/Jürgen Lehmann/Weertje Willms/Arnd Bauerkämper/Manuel Geist/Eckhard John/Ulrich Schmid/Mario Zanucchi/Dirk Kemper/Natalia Bakshi/Aleksej Zerebin (2020): Russische Revolutionen 1917: Kulturtransfer im europäischen Raum, Paderborn, Brill | Fink.

Kortendiek, Beate/Birgit Riegraf/Katja Sabisch (2019): Prostitution und Sexarbeit: Alte und neue Kontroversen aus dem Blick der Geschlechterforschung, in: Handbuch interdisziplinäre Geschlechterforschung, Wiesbaden, Springer VS, S. 845-854.

Kritische Perspektive: Die Prostitutions-Lügenlobby (2015): SISTERS, [online] https://sisters-ev.de/2015/08/22/kritische-perspektive-die-prostitutions-luegenlobby/ [abgerufen am 01.03.2022].

Laloire, Lotte (2019): Kondomkontrolle mit der Taschenlampe, neues deutschland, [online] https://www.nd-aktuell.de/artikel/1121981.kondomkontrolle-mit-der-taschenlampe.html [abgerufen am 10.12.2021].

Le Breton, Maritza (2011): Sexarbeit als transnationale Zone der Prekarität: Migrierende Sexarbeiterinnen im Spannungsfeld von Gewalterfahrungen und Handlungsoptionen, Weinheim, Beltz.

Lenin, Wladimir I. (1962a): Der Kapitalismus und die Frauenarbeit, in: Lenin Werke: Band 36, Berlin, Dietz, S. 206-207.

Lenin, Wladimir I. (1962b): Der Fünfte Internationale Kongress für den Kampf gegen die Prostitution, in: Lenin Werke : Band 19, Berlin, Dietz, S. 250-251.

Marx, Karl/Friedrich Engels (1962a): Der Ursprung der Familie, des Privateigentums und des Staates, in: Marx-Engels-Werke (MEW): Band 21, Berlin, Dietz, S. 25-173.

Marx, Karl/Friedrich Engels (1962b): Briefe von Engels 1885, in: Marx-Engels-Werke (MEW): Band 36, Berlin, Dietz, S. 266-417.

Marx, Karl/Friedrich Engels (1962c): Briefe von Engels 1887, in: Marx-Engels-Werke (MEW): Band 36, Berlin, Dietz, S. 591-735.

Marx, Karl/Friedrich Engels (1990): Anmerkungen, in: Marx-Engels-Werke (MEW): Band 20, 10. Aufl., Berlin, Dietz, S. 623-684.

Marx, Karl/Friedrich Engels (2009): Der achtzehnte Brumaire des Louis Bonaparte, in: Marx-Engels-Werke (MEW): Band 8, 9. Aufl., Berlin, Dietz, S. 111-207.

Marx-Aveling, Eleanor/Edward Aveling (1983): Eleanor Marx-Aveling und Edward Aveling: Die Frauenfrage, Sozialistische Klassiker 2.0, [online] https://sites.google.com/site/sozialistischeklassiker2pun kt0/eleanor-marx/1886/eleanor-marx-aveling-und-edward-aveling-die-frauenfrage [abgerufen am 10.03.2022].

Mau, Huschke (2016): Der Freier. Warum Männer zu Prostituierten gehen und was sie über diese denken., Huschke Mau, [online] https://huschkemau.de/2016/09/09/der-freier-warum-maenner-zu-prostituierten-gehen-und-was-sie-ueber-diese-denken/ [abgerufen am 27.02.2022].

Mau, Huschke (2020): Der Staat als Zuhälter, KONTEXT: Wochenzeitung, [online] https://www.kontextwochenzeitung.de/debatte/465/der-staat-als-zuhaelter-6533.html [abgerufen am 22.09.2021].

Mau, Huschke (2017): Warum ist der Ausstieg aus der Prostitution so schwer?, Huschke Mau, [online] https://huschkemau.de/2017/06/15/warum-ist-der-ausstieg-aus-der-prostitution-so-schwer/ [abgerufen am 10.03.2022].

Millett, Kate (1983): Das verkaufte Geschlecht: Die Frau zwischen Gesellschaft und Prostitution, Reinbek, Rowohlt.

Moran, Rachel/Sabine Constabel (2015): Was vom Menschen übrig bleibt: Die Wahrheit über Prostitution, Marburg, Tectum.

Mühlberger, Jasmin (2019): Soziale Arbeit als Menschenrechtsprofession - auch im Feld der

Prostitution?, Google Books, [online]
https://books.google.de/books?id=bxOtDwAAQBAJ&p
g [abgerufen am 19.08.2021].

Müller, Ann-Katrin (2015): Aus der Deckung, in: DER
SPIEGEL, 27.03.2015, S. 42-43, [online]
https://www.spiegel.de/politik/aus-der-deckung-a-
38af51f1-0002-0001-0000-000132909484 [abgerufen
am 28.02.2022].

Müllges, Kay (2013): Das älteste Gewerbe der Welt,
Deutschlandfunk, [online]
https://www.deutschlandfunk.de/das-aelteste-gewerbe-
der-welt.1148.de.html?dram:article_id=245422
[abgerufen am 06.08.2021].

Niesner, Elvira (2014): Stellungnahme FIM -
Frauenrecht ist Menschenrecht e.V., [online]
https://www.bundestag.de/resource/blob/280580/5e6293
1b695ff2e3bb350b29c47aa8e1/stellungnahme-elvira-
niesner-data.pdf.

Pateman, Carole (1999): What's Wrong with
Prostitution?, in: Women's Studies Quarterly, Bd. 27,
Nr. 1/2, S. 53-64, [online]
https://www.jstor.org/stable/40003398.

Ragazza! (o. D.): ragazza e.V., [online] https://ragazza-
hamburg.de/de/ [abgerufen am 11.03.2022].

RP ONLINE (2018): Sex-Steuer: Köln verdient 1,4 Millionen Euro, RP ONLINE, [online] https://rp-online.de/wirtschaft/unternehmen/sex-steuer-koeln-verdient-1-4-millionen-euro_aid-9303941 [abgerufen am 16.09.2021].

Ruffmann, Karl-Heinz (1981): Sowjetrußland 1917-1977, 9. Aufl., München, Deutscher Taschenbuch Verlag.

Ruhne, Renate (2008): Körper unter Kontrolle: Prostitution als „soziales Problem" der Geschlechterordnung, in: Karl-Siegbert Rehberg (Hrsg.), Die Natur der Gesellschaft: Verhandlungen des 33. Kongresses der Deutschen Gesellschaft für Soziologie in Kassel 2006, S. 2520–2531, [online] https://nbn-resolving.org/urn:nbn:de:0168-ssoar-151831.

Sanders, Teela (2004): Sex Work: A Risky Business, London, Taylor & Francis Ltd.

Sass, Katharina/Ingeborg Kraus/Manuela Schon/Marie Merklinger (2017): Mythos »Sexarbeit«: Argumente gegen Prostitution und Sexkauf, Katharina Sass (Hrsg.), Köln, PapyRossa.

Schmacht, Christian (2021): Deutsche Zustände in der Hurenbewegung, in: ak analyse und kritik, 20.04.2021, [online] https://www.akweb.de/bewegung/sexarbeit-querdenken-arbeitsbedingungen-sex-work-antidiskriminierung/?fbclid=IwAR0pi_iheq3cHDb870d scRLfuAOpJBW7LswggCITGqDG1-PzHkxTq3JAMqk [abgerufen am 10.03.2022].

Schmackpfeffer, Petra (1989): Frauenbewegung und Prostitution: Über das Verhältnis der alten und neuen deutschen Frauenbewegung zur Prostitution, Oldenburg, Deutschland: Bibliotheks- und Informationssystem der Universität Oldenburg.

Schmitter, Romina (2013): Prostitution – Das „älteste Gewerbe der Welt"? | APuZ, bpb.de, [online] https://www.bpb.de/apuz/155369/prostitution-das-aelteste-gewerbe-der-welt?p=all#footnode9-9 [abgerufen am 18.08.2021].

Schmollack, Simone (2019): Sexarbeiterin über Prostitutionsgesetz: „Wir arbeiten lieber unabhängig", in: TAZ, 20.02.2019, [online] https://taz.de/Sexarbeiterin-ueber-Prostitutionsgesetz/!5574465/ [abgerufen am 28.02.2022].

Schrader, Kathrin (2014): Drogenprostitution: Eine intersektionale Betrachtung zur Handlungsfähigkeit drogengebrauchender Sexarbeiterinnen, Bielefeld, Transcript.

Schüller, Yannik (2019): Prostitution: „Hurenpass" setzt sich in Hamburg noch nicht durch, DIE WELT, [online] https://www.welt.de/regionales/hamburg/article2028148 66/Prostitution-Hurenpass-setzt-sich-in-Hamburg-noch-nicht-durch.html [abgerufen am 04.09.2021].

Schwarzer, Alice (2013): Prostitution - Ein deutscher Skandal: Wie konnten wir zum Paradies der Frauenhändler werden?, Köln, Kiepenheuer & Witsch.

Senent, Rosa (2019): Tensions between feminist principles and the demand for prostitution in the neoliberal age: A critical analysis of sex buyer's discourse, in: Recerca. Revista de pensament i anàlisi, Nr. 24, S. 109–128, [online] doi:10.6035/recerca.2019.24.2.6.

Sierpinski, Diana (2015): Prostitutionsland Deutschland: Willkommen im Paradies für Freier, n-tv.de, [online] https://www.n-tv.de/politik/Willkommen-im-Paradies-fuer-Freier-article10843146.html [abgerufen am 15.09.2021].

Statistisches Bundesamt (2021): Ende 2020 rund 24900 Prostituierte bei Behörden angemeldet, Destatis Statistisches Bundesamt, [online]

https://www.destatis.de/error_path/400.html?al_req_id=
YUHwP983cL2-GQ09CWKARwAAB3s [abgerufen
am 15.09.2021].

Stoppsexkauf (2021): Webinar über das System
Prostitution, Stoppsexkauf, [online]
https://www.stoppsexkauf.at/2021/04/12/webinar-ueber-
das-system-prostitution/ [abgerufen am 22.09.2021].

TAMPEP (2007): National Report on HIV and Sex
Work: Germany, [online] https://tampep.eu/wp-
content/uploads/2017/11/Germany-National-Report.pdf.

UEGD e. V. – Unternehmerverband Erotikgewerbe
Deutschland (o. D.): UEGD, [online] https://uegd.de/
[abgerufen am 28.02.2022].

Vatter, Hanna/Manuela Schon/Claudine
Legardinier/Brigitte Kiechle/Rosen Hicher/Geraldine
Wronski/Anielle Gutermann/Jagda Hügle/Huschke
Mau/Cathrin Schauer-Kelpin/Mona Schäck/Mara
Moneyrain (2020): Was kostet eine Frau?: Eine Kritik
der Prostitution, Feministisches Bündnis Heidelberg
(Hrsg.), Aschaffenburg, Alibri.

Wolff, Kerstin (2018): „Es gibt nur eine Moral!“ – Die
bürgerliche Frauenbewegung und ihre Debatten um
Prostitution (1880 bis 1933), Digitales Deutsches
Frauenarchiv, [online] https://www.digitales-deutsches-

frauenarchiv.de/themen/es-gibt-nur-eine-moral-die-
buergerliche-frauenbewegung-und-ihre-debatten-um-
prostitution [abgerufen am 10.01.2022].

Zetkin, Clara (2008): Clara Zetkin: Erinnerungen an
Lenin, marxists.org, [online]
https://www.marxists.org/deutsch/archiv/zetkin/1925/eri
nnerungen/lenin.html [abgerufen am 05.03.2022].

Ziemann, Andreas (2017): Das Bordell: Historische und
soziologische Beobachtungen, Weilerswist-Metternich,
Velbrück.

Ziemann, Andreas (2009): Kultursoziologische
Reflexionen zur Prostitution, in: Simmel Studies, 2.
Aufl., S. 161-190, [online] https://www.uni-
weimar.de/fileadmin/user/fak/medien/professuren/Medi
ensoziologie/Texte/Ziemann/Ziemann_2009_Prostitutio
n.pdf.

Das ist Alma Marta!

Alma Marta ist ein 2020 gegründeter wissenschaftlicher Fachverlag im deutschsprachigen Raum mit Hauptsitz in Hamburg. Die Schwerpunkte unseres Programms liegen in den Gender & Queer Studies, in der Geschichte aber auch in den Kultur-, Medien- und Sozialwissenschaften.

Unser verlegerisches Angebot richtet sich an Studienabsolvent*innen, Doktorand*innen, Promovend*innen sowie wissenschaftliche Institutionen und Netzwerke.

Wir kalkulieren jede Publikation individuell. Alma Marta ist eine kostengünstige Alternative zu anderen Wissenschaftsverlagen. Gerne unterbreiten wir Ihnen ein unverbindliches Angebot!

Was uns darüber hinaus besonders auszeichnet:

- Keine Abtretung der VG-Wort-Tantiemen an den Verlag.

- Keine erzwungenen Fest- oder Mindestabnahmen an Exemplaren.

- Großzügige Autorenrabatte für alle Alma Marta und Marta Press Publikationen.

- Auszahlung der Autorenprovision ab dem ersten verkauften Buch.

- Individuelle und unkomplizierte Abwicklung und Betreuung…

Sie haben Interesse an einer Veröffentlichung im Verlag Alma Marta? Wir freuen uns auf Ihre Studienabschlussarbeit, Dissertation, Habilitationsschrift, Monographie oder Ihren Sammelband. Bitte schicken Sie ihr Manuskript (Arbeitsfassung) oder - falls ein solches noch nicht vorliegt - ein Projektprofil / Expose per Email an alma-marta@gmx.de.

Alexandra Kauffmann

Wirkungsmacht unter dem intersektionalen Ansatz

Was bedeuten subjektive Unterdrückungserfahrungen im Ansatz der Intersektionalität für die Funktion Sozialer Arbeit?

Menschen werden in unserer Gesellschaft ausgegrenzt und unterdrückt. Strukturelle Bedingungen re_produzieren Mechanismen, die diese Prozesse verfestigen. Die Ausgebeuteten wissen, was damit gemeint ist, zwar Teil einer Gesellschaft zu sein, aber in ihr einen unbemerkbaren Platz einzunehmen und Unterdrückung zu erfahren. Ihre Erfahrungsperspektiven stellen den Ausgangspunkt dieser Studie dar. Ihre Überlegungen verbinden, transportieren und erklären die Theorie des intersektionalen Konzepts. Soziale Arbeit als institutionelle Hilfe versucht, eine Anpassungleistung der Individuen an die gesellschaftlichen Verhältnisse hervorzubringen. Doch Autorin Alexandra Kauffmann geht nun den Fragen nach: Wie schaffen wir es, Befreiung nicht nur individuell, sondern strukturell - auch in der Sozialen Arbeit - umzusetzen? Und welche Wege zeigen die eigentlichen Expert:innen auf?

2022 | 112 Seiten | 12,00 € (D) | ISBN: 978-3-948731-05-2

Fiona Kalkstein

„Geld lässt ruhiger schlafen, das hab` ich erlebt"

Vereinbarkeit zwischen Mutterschaft und Beruf aus klassensensibler Perspektive

2021 | 472 Seiten | 36,00 € (D)
ISBN: 978-3-948731-06-9

Björn Klein

Die Wirkung von Internet-Pornografie auf Kinder und Jugendliche

Wirkungstheorien, empirische Studien und pädagogische Konzeptualisierungen auf dem Prüfstand

2021 | 136 Seiten | 15,00 € (D)
ISBN: 978-3-948731-03-8

Sarah Czerney, Lena Eckert,
Silke Matin (Hg.)

**DIY, Subkulturen und
Feminismen**

2021 | 244 Seiten | 22,00 € (D)
ISBN: 978-3-948731-01-4

Johanna Sigl, Katharina Kapitza,
Karin Fischer

Facetten des Antifeminismus:
Angriffe und Eingriffe in
Wissenschaft und Gesellschaft

2021 | 144 Seiten | 16,00 € (D)
ISBN: 978-3-948731-02-1

Heidrun Kallies, Farin Rezai

Lasst uns die Welt erfinden

Migration und Interkulturalität in
Systemischer Beratung

2020 | 116 Seiten | 16,00 € (D)
ISBN: 978-3-948731-00-7

www.alma-marta.de

Veronika Ott

- Soziale Arbeit
- Sexarbeit
- Menschenhandel:
Ambivalenzen im Feld der Fachberatungsstellen

Veronika Ott geht in ihrer Dissertation diskurs- wie gouvernementalitätstheoretisch inspiriert der Frage nach, wie das Wissen der Fachberatungsstellen zu Sexarbeit und Menschenhandel vor dem Hintergrund ihrer institutionalisierten Arbeitsweisen und Selbstverständnisse zustande kommt. Es diskutiert, wie Soziale Arbeit durch dieses Wissen - sowohl herausfordernd wie stabilisierend - in die gesellschaftliche Aushandlung von ‚Sozialen Problemen' verflochten ist. Auf der Grundlage von Expert_innen-Interviews mit 20 Fachberatungsstellen bundesweit stellt das Buch damit auch eine Auseinandersetzung mit den Notwendigkeiten, Grenzen und Möglichkeiten eines solidarischen Fürsprechens für gesellschaftlich Ausgegrenzte dar.

2017 | 432 Seiten | 40,00 € (D)
ISBN: 978-3-944442-70-9

Anita Kienesberger

Fucking Poor. Was hat „Sexarbeit" mit Arbeit zu tun?

Eine Begriffsverschiebung und die Auswirkungen auf den Prostitutionsdiskurs.

Prostitution wird oft als eine unabänderliche gesellschaftliche ‚Notwendigkeit' betrachtet, quasi ‚zum Mensch sein gehörend', obgleich sie ein ‚Dienst am Mann' ist. Genau deshalb soll diese kulturelle Praxis als etwas ‚Normales' akzeptiert und diskutiert werden. Die Auswirkungen dieses ‚Normalisierungsdiskurses' auf die Frauen und Männer innerhalb und außerhalb der Prostitution werden dabei ebenso außer Acht gelassen wie bestehende Macht- und Gewaltstrukturen. In diesem Buch beweist Anita Kienesberger, dass „Sexarbeit" keinesfalls eine Arbeit wie jede andere ist. Sie setzt sich mit dieser Begriffsverschiebung und seinen Folgen auseinander. Die Autorin ist überzeugt, dass es im Zusammenhang mit Prostitution dringend notwendig ist, die Frage nach gesellschaftlichen Machtverhältnissen neu zu stellen.

2014 | 116 Seiten | 12,90 € (D)
ISBN: 978-3-944442-21-1

www.marta-press.de